건강한 장내 미생물 생태계를 유지하고
여러 질병의 위험성을 낮추는 건강식

식탁 위의
마이크로바이옴

건강한 장내 미생물 생태계를 유지하고
여러 질병의 위험성을 낮추는 건강식

식탁 위의 마이크로바이옴

이진희 지음

contents

- 8 Prologue
- 14 Introduction
- 17 Microbiome
- 26 프로바이오틱스, 프리바이오틱스, 포스트바이오틱스, 콘트라바이오틱스
- 32 식이를 통한 건강한 마이크로바이옴 형성을 위해 꼭 해야 하는 실제적 노력
- 42 저자가 생활화하는 장 건강 식이 재료 선택과 조리 방법

Part 01
맛까지 더하는 육수와 채소수

- 48 뼈 육수
- 49 채소수
- 50 닭 육수
- 51 갑각류 육수

Part 02
마이크로바이옴 식이의 맛과 기능을 살려주는 드레싱 & 소스

- 54 애플사이다비니거
- 57 애플사이다비니거 비네그레트
- 57 메이플시럽 비네그레트
- 57 코리안 비네그레트
- 58 코코넛요거트히카마드레싱
- 58 케피어드레싱
- 59 된장허브소스
- 59 간장초소스
- 60 맛간장
- 63 그린빈아티초크퓌레
- 63 검은콩소스
- 64 병아리콩소스
- 64 노란 파프리카퓌레
- 65 당근비트소스
- 65 체리소스
- 66 안초비코코넛드레싱
- 66 아몬드소스
- 67 양파오이아보카도크림
- 67 오렌지아보카도드레싱
- 69 토마토소스
- 69 토마토페이스트
- 70 홀푸드마요네즈
- 70 비건마요

Part 08
마이크로바이옴 하모니, 한 끼 차림

190   비트구이 세트
비트구이 + 호두치즈가니시 + 치킨로메인샐러드 +
당근수프 + 콤부차블루베리산딸기에이드

194   마낫토 세트
마낫토 + 마비트샐러드 + EAT DISH + 망고스무디

198   미트볼 세트
미트볼 + 오곡샐러드 + 양배추수프 +
총각무피클 + 콤부차키위에이드

202   된장밥 세트
된장밥 + 순두부계란찜 + 간장삭힘고추 + 열무물김치

206   새우다시마말이 세트
새우다시마말이(+간장초소스) + 해초샐러드 +
콜드오이수프 + 생강피클 + 찐고구마

210   돼지고기수육 세트
돼지고기수육 + 래디시주먹밥 + 상추케일샐러드 +
간장삭힘마늘 + 달래된장국

214   어니언에그 세트
어니언에그 + 브로콜리니파스닙샐러드 +
청대콩히카마수프+ 래디시피클 +
코코넛블루베리스무디

218   부추소고기안심구이 세트
부추소고기안심구이(+양파발사믹절임) +
퀴노아앤다이브샐러드 + 버섯수프 + 오이피클 +
사과당근케피어주스

222   깍두기볶음밥 세트
깍두기볶음밥 + 고기꼬치+ 갑각류육수채소탕 +
생강피클 + 코코넛밀크

226   구운 감자 세트
구운 감자 + 그릭요거트볼 +
비네그레트절임토마토카프레제 + 청포도케일케피어주스

230   렌틸콩채소밥 세트
렌틸콩채소밥 + 파스닙카나페 + 자색고구마수프 +
콤부차망고에이드

234   닭가슴살온반 세트
닭가슴살온반 + 무샐러드 + 배추김치 + 코코넛요거트

238   References

PROLOGUE

우리는 건강하게 살아야 합니다.
진정한 의미의 건강을 위해서 노력해야 합니다.
진정한 의미의 건강은 나 자신의 육체적·정신적 건강, 나아가 가족과 사회, 더 나아가 인류가 건강한 것을 의미합니다.
한 소년은 정크푸드나 가공식품류의 음식을 아무런 탈 없이 먹는 사람들을 무척 부러워했습니다. "그들은 그런 음식을 먹어도 다 이겨내는 사람들이고 얼마나 행복인지 모를 거야" 하면서 말이죠. 그러나 소년의 몸에는 치명적이어서 그 음식을 먹을 수가 없었습니다. 먹고 나면 장 염증 등을 수반한 심각한 반응이 일어나기 때문이지요. (현재 겉으로 아무 이상이 없다고 계속해서 가공식품 위주의 식사를 하면 한참은 아무렇지 않았던 이들도 아마 몸에 병증 현상들이 생기기 시작할 것입니다.)
또 한 아이는 밤낮으로 피부를 긁어 피가 나기 일쑤였고, 가려움과 열감에 잠을 설치며, 나이가 들어도 피부는 계속 붉고 껍질이 벗겨지거나 두꺼워지기까지 했습니다. 어떤 약을 써도 나아지지 않으며 예민해지고, 울긋불긋한 피부를 남에게 보이기 싫어 사람들 만나기가 싫어지고 자신감과 사회성을 잃어가고 있었습니다.
어떤 커리어 우먼은 그의 사회적 명성을 버리더라도, 구부러지고 뻣뻣해져 아프기까지 한 손가락이 펴진다면 좋겠다고 얘기합니다.
어린 나이에 당뇨가 발생한 아이, 천식흡입기 없이는 외출을 할 수 없는 소년, 모두 가족에게 평생 걱정거리입니다.
몇 가지 이야기만 했지만 실제로 많은 사람이 류머티즘성관절염, 아토피피부염, 건선, 크론병, 제1형 당뇨병, 천식, 갑상선 기능이상증 등 이러저러한 자가면역질환으로 고생하고 있습니다. 자가면역질환이란 어떤 이유에서 면역과잉반응이 일어나 면역체가 자기 몸세포를 공격하여 나타나는 증세를 말합니다.

물론 이러한 자가면역질환의 이유도 여러 가지일 것이고, 또 이러한 질병을 겪고 있는 사람이 대다수라고 볼 수는 없지만, 분명 그 수는 늘어가고 있고, 더 어려운 점은 나타나는 신체적 증상에 그치는 것이 아니라 신경정신적 증상으로까지 이어지는 경우가 많다는 것입니다.

최근 연구에서 이런 병적 상황들과 장내 마이크로바이옴의 관련성에 대한 연구가 활발하고, 실제로 그 대답을 찾아가고 있습니다.

우리는 일반적으로 면역력을 향상시켜 외부 병원균 등으로부터 몸의 건강을 지키려 합니다. 건강 유지에 아주 중요한 부분입니다. 그런데 이상 상황으로 면역이 과잉되었을 때에는 자가면역질환이 발생됩니다. 이런 것을 보면, 면역 부족도 면역 과잉도 되지 않도록 하는 적절한 면역 조절의 중요성을 깨달을 수 있습니다.

면역 조절이 훌륭히 이루어지고, 육체적·정신적으로 건강한 상태를 유지하는 방법은 여러 가지 있겠으나 가장 강력하고 효율적인 방법은 제대로 하는 섭생입니다. 식이를 통해 모든 세포의 성장과 생명활동에 필요한 영양소 등을 얻어야 하기 때문입니다. 네, 인간은 먹어야 삽니다.

그런데 제가 학부생일 때 이러한 생명 메커니즘에 대한 공부를 하면서 의문이 생겼습니다. 위에 언급했듯이 정상적으로 건강한 생명을 유지하기 위해서는 각각 기능에 필요한 물질을 섭취해줘야 하는 것입니다. 물론 몸속에서 생성되는 물질도 있습니다. 그래도 그 원재료는 우리가 먹는 데서 오는 것이고요. 그래서 과부족 없이 골고루 먹어야 몸도 건강하다고 했습니다. 저는 여기가 큰 의문 포인트였습니다. 갓 출생한 아기도 모든 영양소가 필요한 생명체인데 어떻게 젖만 먹어도 정상적인 성장을 하고 생명현상을 유지할 수 있을까? 물론 1년여 내에 일반적인 식사를 하게 됩니다. 그때부터는 골고루 먹으면 되므로 문제가 없죠. 하지만 엄마의 젖에는 성장과 생명 유지에 필요한 모든 물질이 포함되어 있지 않은데 일반식을 먹을 수 있을 때까지 어떻게 정상적 생명활동을 하는 거지? 출생 후 1년여 동안 생애의 기초적인 것들이 거의 완성되는 시기인데 말이죠. 그 해답을 저는 찾았습니다. 결론부터 말씀드리면, 출생 시 엄마에게 받아 소화기관(주로 장)에 뿌려져 살게 되는 미생물들이 아기가 먹은 엄마의 젖을 재료로 정상적인 생명활동을 위한 물질들을 만들어내는 것이었습니다. 그렇게 하는 동안 일반식으로 생명 메커니즘을 운용할 수 있는 인간으로 성장하는 것입니다. 그뿐만 아니라 장내 미생물의 생태계가 정상적으로 이루어졌을 때, 정상적 성장 및 면역 조절 등을 비롯한 생명현상이 가능하다는 것이었습니다.

여기서 중요한 것은 출생 시 울음을 터뜨리며 호흡을 시작할 때 처음으로 아기의 소화기관에 뿌려지는 미생물의 종류에 관한 이야기입니다. 자연 분만 시 아기는 엄마의 산도에 있는 미생물들을 최초로 접하고 그들을 자기 소화기관에 선점시킵니다. 실제로 분만 시 산도의 미생물 조성은 아기 성장에 도움을 주는 미생물들로 바뀐다고 합니다. 또 이렇게 아기 장에 착지된 미생물의 생육에 가장 적합한 물질이 모유에 있습니다. 모유의 이 훌륭한 성분을 아기 장에 포진된 미생물들이 먹고, 아기 성장에 필요한 물질을 만들어내는 것입니다. 이로써 정상적이고 건강한 신체와 정신을 가지며 성장하는 것입니다. 만약 인공분만을 할 경우, 아기의 소화기관에는 엄마의 산도 미생물이 아닌 피부의 미생물이 선점됩니다. 이들 피부 미생물은 산도 미생물과는 달리 정상적인 필요 물질을 만들어내는 데 부족함이 있습니다. 생애 시작부터 어딘가 결함이 있는 생명 사이클을 겪을 확률이 높아진 것입니다. 지금보다 한두 세대 이전에 비해 지금 젊은 세대에서 자가면역질환자가 많아졌는데, 증가된 인공분만 비율과 무관하지 않습니다.

이렇게 아기의 출생부터 생애 시작의 생명 사이클을 정상적으로 이끌어주는 미생물의 주체가 바로 흔히 말하는 유익균입니다. 더 과학적으로 말하면, 이들 유익균을 포함한 미생물의 총합과 그들이 가진 유전자입니다. 이 유전자들이 생명현상에 필요한 물질 생성의 조절에 관여하며, 유전자를 가진 미생물이 만들어내는 생태계를 마이크로바이옴이라고 합니다. 이렇게 태어나면서부터 조성된 장의 미생물 생태계(마이크로바이옴)는 평생의 건강을 좌우하기도 합니다. 그뿐만 아니라, 첫 생명의 시작을 건강하게 해주기 위해 필요한 것은 부모, 특히 엄마의 건강한 장내 마이크로바이옴 상태라는 것도 이미 보고된 사실입니다.

생명의 시작 시기부터 건전한 장내 마이크로바이옴을 만들고, 뒤이어 평생 유지하도록 노력한다면 많은 질병과 멀어질 확률이 높아진다고 생각합니다.

그러면 인간의 건전한 장내 마이크로바이옴을 유지하기 위한 최고의 방법은 무엇일까요? 그것은 훌륭한 식이입니다. 이 마이크로바이옴을 이루는 미생물들이 소화기관에 있기 때문이죠. 다시 말해, 마이크로바이옴이 지배하는 소화기관에 유익한 식이를 제공하는 것이 건강 유지에 필수인 것입니다. 이 책에서 그 훌륭한 식이를 소개하고 있습니다.

저는 외부 사회생활을 하지만 30년 넘게 집 안의 식사 준비는 직접 해왔습니다. 처음에는 책으로도 요리를 배우고, 요리 강습도 다니고, 어른들에게 듣고 보기도 하며 조리를 했습니다. 또한 학부 지식(식품영양)도 유익한 조리 방법 선택에 많은 도움이 되었고 이후 프로바이오틱스 미생물에 관한 연구로 박사학위를 받으면서, 유익한 미생물을 어떻게 식이에 조화시킬지 또 인간에게 유익한 방향이 무엇인지 생각하며 음식을 조리하면서 건강한 장내 마이크로바이옴 생태계를 굳건하고 조화롭게 하는 식이를 만드는 노력을 했습니다. 사실 여러 이유로 예민하고 불안한 장 상태와 그로 인한 병적 증상을 보이기도 했던 가족의 증상 치유에 큰 도움을 받았고, 시간이 지날수록 경험 데이터가 쌓이면서 더욱 발전된 식이를 만들 수 있었습니다.

일반적으로 인간은 건강하지 않은 음식을 먹었을 때 병적 문제가 많이 발생하므로 건강한 음식을 먹는 것이 가장 중요하며, 실제로 건강한 음식(건강하게 먹는다)은 식재료와 조리 방법 모두 건전해야 하고 이 모든 것이 장내 마이크로바이옴을 조화롭게 하는 것에 부합된다는 것을 말합니다. 이것이 제가 식이를 준비하는 기본 원칙입니다. 또한 음식은 맛도 중요한 요소이므로 건강하게 조리하면서 맛있게 하는 조리를 연구했습니다. 그리고 음식을 조리하면서 나타날 수 있는 해로움은 배제하는 방향으로 조리했습니다. 즉 각종 식품의 영양소 건전에도 안전한 조리 방법을 선택했습니다.

이렇게 장내 마이크로바이옴의 건강한 생태계를 이루어 여러 질병의 위험성을 낮추는 마이크로바이옴 건강식을 만들게 되었고, '여기서 그대로 머물지 말자! 조화로운 마이크로바이옴 식이가 얼마나 중요한 것인지 알리자!'라는 마음으로 이 책을 내게 되었습니다.

앞으로도 마이크로바이옴 식이는 계속 발전할 것입니다. 그로 인해 많은 사람이 건강해지고 다음 세대로 건강이 이어지길 바랍니다.

이진희

INTRODUCTION

인간은 음식을 통해 생명 유지에 필요한 영양소를 얻는다. 인간이 섭취하는 식이 형태나 종류는 굉장히 다양하며, 생애주기와 각자의 건강 상태에 따라 특별히 신경 써야 하는 식이 요인도 다르다. 예를 들면, 신생아는 모유를 통해 얻어야 하는 영양 성분이 있고, 청소년이나 성인이 된 후에는 그에 맞게 중점을 두고 섭취해야 하는 식이 성분이 있다. 또한 건강 상태와 질병의 종류에 따라 강조해야 하는 식이도 달라진다.

인간의 성장과 건강은 상당 부분 세포 속 핵 유전자가 조절하고 있다. 하지만 인간 유전자 외에 인간의 성장과 건강에 크게 영향을 미치는 요인이 있는데, 인체 내 존재하는 미생물(특히 장내 미생물) 집합이다. 이들이 인체의 각종 대사metabolism뿐만 아니라 면역계와 신경계와도 관련이 깊어 인간의 건강에 큰 영향을 주는 요인으로 간주되기 때문이다. 이들은 그 수와 다양성이 상상 이상이다.

따라서 인간은 단순히 세포들의 집합이 아니고 굉장한 수의 이들 미생물들이 인간과 서로 복잡한 생태계ecosystem를 구성하며 존재한다는 것으로 이해하는 게 맞다. 인간 세포집합과 인간 미생물들이 바람직한 조화를 이루며 상호 작용해 만드는 증진된 균형이 인간에게 가장 이상적이라고 할 수 있다.

인간 미생물의 집합 생태계를 과학적 용어로 마이크로바이옴microbiome이라고 한다. 이는 영·유아기부터 여러 방법으로 구축되고, 특히 인간의 장에서 가장 발달하며 장내 환경을 좌우한다. 최근 들어 장내 환경이 비만은 물론, 원인이 뚜렷하지 않은 염증성 질환 및 자가면역질환을 포함한 면역질환과 정신신경성 병증에 직접 또는 간접적으로 영향을 미친다는 것이 알려지면서 건강한 장을 만드는 것에 많은 관심이 쏠리고 있다. 그런 이유로 많은 면역학자와 암질환 연구자, 뇌과학자가 다양한 질병과 생명현상에 미치는 장내 미생물의 영향력을 연구하고 있다.

이미 이들 미생물 동반자들의 최적 관리에 대한 관심이 증가되고 있는데, 국내에서도 최근 프로바이오틱스 및 프리바이오틱스에 대한 광고 등 폭발적 관심이 이를 방증한다. 그러나 이들이 이롭다 해도 이들 제품만을 섭취하며 인간이 생명을 영위할 수는 없고, 인간은 식이를 섭취해야 생명현상을 유지할 수 있다. 그러니 매일 먹어야 사는 우리는 건강해지고 건강을 유지하는 방법으로 먹어야 하며, 이는 인간의 장 미생물 관리 조절을 유익한 방향으로 이끄는 식이를 통해 많은 도움을 받을 수 있다. 인간의 식이 습관이 장 미생물의 조성과 기능에 영향을 주며, 이것이 여러 질병에 대항하는 보호의 시작이라는 수많은 연구가 이를 뒷받침하고 있다.

요즘 들어 어른뿐만 아니라 어린이들 사이에서 비만, 당뇨병 및 알레르기질환, 자가면역질환, 게다가 불안장애나 우울증 등 정신·신경적 병증이 많아지고 있는데, 이런 현상은 건강을 위해 우리가 어떤 진보적 노력을 해야 할지를 깨우치게 해준다.

평소 식이 습관은 장내 미생물 증식에 상당한 영향을 미친다. 이로 인해 만들어진 장내 환경은 질병을 유발하는 유해한 미생물과 질병을 예방하고 병증을 덜어주는 유익한 미생물의 발달 정도를 좌우한다. 수많은 연구 결과에 따르면, 과일, 채소, 곡류, 견과류, 씨앗류 및 콩류 같은 식품에 함유된 식이섬유를 비롯한 특별한 성분들이 장내 유익한 미생물들의 생존과 유지를 도와 건강한 미생물 생태계를 만든다고 한다. 이에 따라 유익한 장내 미생물 환경이 조성되고 그 결과 비만, 당뇨, 알레르기, 여러 자가면역질환 및 정신·신경적 병증의 위험성이 낮아진다는 것이다.

이 책에서 장내 미생물 환경을 이롭게 하는 식이 재료, 식이 표본 및 조리 처방을 소개함으로써, 조화로운 장내 마이크로바이옴 환경을 만들고 유지하는 식사는 어떻게 하는 것이 바람직한지 알리고자 한다. 즉 프로바이오틱스 기능을 발휘하고 증진시키는 다양한 요리를 통해 건강을 유지하는 식생활에 도움이 되고자 하는 것이다. 무엇보다 장 건강에 유리한 식이 성분이 함유된 식품과 유익한 프로바이오틱스 미생물이 가득한 발효식품이 포함되어 있다. 이로써 건강한 마이크로바이옴 환경을 위해 어떤 음식을 섭취해야 할지, 어떤 조리 방법을 택해야 할지에 대한 길잡이가 돼줄 것임을 확신한다.

다시 한번 강조하지만, 머리부터 발끝까지 건강한 몸을 만드는 가장 좋은 시작점은 우리의 장gut이고 우리가 장으로 보내는 것은 먹는 것이므로, 건강한 장을 만들기 위해 어떤 식품을 어떻게 조리해 섭취할 것인가에 주의를 기울여야 한다.

MICROBIOME

마이크로바이옴이란

인간의 몸에는 수십조 개가 넘는 미생물이 살고 있다. 이들은 피부를 비롯해 폐, 배뇨 및 생식기관 그리고 입이나 위, 소장, 대장에 이르는 소화기관 등 온몸에 분포되어 있다. 미생물의 80~90%는 소화기관(장)에 존재하며 이 중에는 건강에 도움을 주는 유익균도 있지만, 그렇지 못한 유해균도 있다. 물론 유익균이니 유해균이니 하는 것은 인간의 입장에서 편의상 구분하는 것일 뿐이고, 이 모든 미생물이 서로 모여 생태계를 이루며 존재한다.

인간의 생명 유지 현상은 인간 세포 속 유전자가 모두 조절하는 것으로 알고 있었으나, 또 다른 요인도 큰 영향을 미치는 것으로 알려지고 있는데, 그것이 바로 체내 미생물의 종류와 양이 만드는 미생물 생태계의 균형 여부라는 것이다. 즉 미생물 생태계의 균형이 조화롭게 이루어졌을 때 인간은 건강한 생명 유지 상태를 보인다는 것이다.

이 미생물들이 이루는 생태계를 마이크로바이옴이라고 하는데, 인간에 존재하는 조 단위 수의 미생물들이 어떤 종류인가 하는 그 조성 집합microbiota과 그들이 이룬 생태계가 가진 총 유전자genome들을 합한 개념이 바로 마이크로바이옴microbiome이다. 인간의 건강에 이로운 마이크로바이옴은 수많은 종류의 미생물이 모여 만드는 구성 개체의 다양성과 조화로운 비율의 균형성을 갖출 때 이루어진다.

특별히 장 미생물들gut microbiota은 인간의 대사계, 면역계 및 신경계와 연관이 깊어 인간의 생명현상과 여러 질병에 큰 영향을 미치므로, 장내 미생물들의 마이크로바이옴에 관심이 집중되고 있으며, 이 책에서 언급되는 마이크로바이옴은 대부분 장 미생물들의 마이크로바이옴을 말한다.

장 마이크로바이옴 형성에 영향을 주는 요인

출생 childbirth

출생 전 태아는 무균 상태다. 그러다 출생하면서 첫 호흡과 함께 장내 마이크로바이옴이 형성된다. 자연분만으로 태어날 때는 산모의 산도에 존재하는 균들이 최초로 태아 장내에 접종되며, 인공분만인 경우에는 피부와 외부 환경에 있는 균들이 최초로 태아 장내에 접종된다. 여러 연구 결과를 보면, 자연분만으로 만들어진 영유아의 장내 마이크로바이옴 조성이 인공분만 영유아의 장내 마이크로바이옴 조성에 비해 더 건강한 성장 발육과 우수한 면역력 형성으로 이어지게 한다고 알려져 있다.

모유수유 breastfeeding

모유에는 장내 유익균의 먹이가 되는 특별한 당류 Human Milk Oligosaccharides, HMOs가 다량 함유되어 있는데, 이것이 장내 유익균의 성장을 돕는 역할을 한다. 따라서 모유수유를 한 신생아의 장내 세균 조성은 대사질환(당뇨, 비만), 알레르기질환(천식 등), 자가면역질환(아토피, 크론병), 신경계질환(자폐 등)의 위험을 낮추는 쪽으로 다양하고 균형이 잡히는 상태로 만들어지게 된다. 그러나 인공수유아 장내 미생물 조성의 다양성과 균형성은 모유수유아에 비해 상대적으로 떨어지는 경향이 있다고 한다.

식이 diet

건강해지는 방법은 의외로 간단하다. 식습관을 통해 유리한 마이크로바이옴 환경을 조성하면 된다. 장내 마이크로바이옴 환경이 좋아지면 장 기능이 향상되고, 그것이 면역 기능은 물론 신경 기능, 대사 기능을 향상시키기 때문이다. 하지만 안 좋은 음식이나 식습관 등으로 장내 마이크로바이옴 환경이 나빠지면, 면역 조절 능력이 저하되고 신경적, 대사적 이상으로 결국 많은 병의 원인이 될 수 있다.

나이 age

모체로부터 균을 접종받은 아이의 몸에서는 생후 1~2년 동안 장내 미생물의 생태 조성이 진행되고 다양화된다. 그 시기에 인생 전체에 영향을 주는 마이크로바이옴의 기본이 완성된다. 이후 성장기가 되면서 식습관이나 외부 환경에 의해 변화를 겪게 되고, 이후 노화가 진행되면서 마이크로바이옴의 다양성은 눈에 띄게 감소한다.

스트레스stress & 흡연smoking

스트레스가 만병의 근원이라는 말이 있듯 심각한 스트레스는 장내 미생물에 부정적인 영향을 미친다. 만성 스트레스는 염증과 자가면역질환에 부정적인 영향을 미치는 것으로 알려져 있다. 뿐만 아니라 장의 운동성, 장벽 이상 및 혈액순환 장애가 생겨 장 예민도가 증가되면서 미생물 구성의 불균형을 초래한다. 불균형으로 인한 유익균의 감소는 결과적으로 역류성 식도질환, 위궤양, 과민성 장 증상, 염증성 장 질환 및 다양한 알레르기 반응이 유발되기 쉽게 한다.

흡연 역시 장내 미생물 불균형을 가져올 수 있다. 하지만 그나마 희망적인 것은 금연을 하면 장내 미생물 조성이 유익한 쪽으로 차츰 변한다는 사실이다. 그러나 다시 흡연을 시작하면 언제 그랬냐는 듯 이전의 불건전한 상태로 돌아가기 때문에 꾸준히 장 건강에 도움이 되는 생활습관을 유지해야 한다.

감염infection & 항생제antibiotics

우리 몸은 병원체에 감염되면 장내 균들이 영향을 받아 결과적으로 마이크로바이옴의 불균형으로 이어진다. 그렇다고 해서 병원균을 억제하고자 항생제를 남용하는 것도 바람직하지 않다. 항생제가 의도치 않게 장의 미생물 상태를 교란하기 때문이다. 따라서 병원체에 감염되지 않도록 주의하며, 항생제는 남용하지 말고 꼭 필요한 경우에만 사용하는 것이 좋다.

균형 잡힌 마이크로바이옴 상태SYMBIOSIS

장내 미생물은 대장을 비롯한 소화기관에 머물면서 장내 환경을 좌우하는데, 장내 미생물의 마이크로바이옴이 균형 잡힌 조합을 이루는 장 환경 상태를 '심바이오시스symbiosis'라고 한다. 이는 대략 70~80%의 유익한 미생물(이들 중 약 30%는 중간균, 유익한 장 환경에서 유익균처럼 행동)과 나머지(20~30%)는 큰 영향력을 보이지 않는 유해균으로 구성되는데, 이를 균형 잡힌 조성의 건강한 마이크로바이옴 상태라고 본다. 균형 잡힌 장내 마이크로바이옴에 의해 이루어진 건강한 장 상태일 때 누릴 수 있는 이점은 다음과 같다.

건전한 장 점막조직의 형성, 정상적 장 기능을 수행하게 한다

장 점막세포는 장벽을 도포하며 길게 형성되어 있으면서 병원균의 공격을 막아 장 조직을

보호하며 장의 항상성을 유지하는데, 심바이오시스 미생물 균총이 포진하고 있어야 기능적으로 유리하다. 장 점액의 손실은 막고 필요량은 보충하며 장 점막조직을 유지하는 데 도움이 되기 때문이다. 자세히 설명하면, 정상적인 장벽에서는 장 점액 성분 분해 및 생성의 순환(turnover)이 주기적으로 일어나고 있는데, 미생물 균형이 깨져 유해균이 많아지면 유해균이 장 점액 성분을 분해·고갈시켜 장벽이 얇아지거나 변형이 생기면서 장 병변이 나타나게 된다. 그러나 심바이오시스 상태를 이루는 몇몇 유익균 종은 장벽 성분의 손실을 유발하는 유해균들을 억제할 뿐만 아니라, 노후된 점액 성분은 분해하고 새로운 점액 성분을 만들어내 장 점액을 보충·유지함으로써, 장 점액의 정상적 분해-생성 순환을 형성하여 장벽의 건전한 항상성을 이루는 데 도움을 준다.

따라서 점막조직이 건강한 장벽은 정상적인 막 기능을 수행해 영양분이 올바르게 흡수되게 한다. 그 결과 필요 물질들이 제대로 흡수됨으로써 세포들은 정상적인 대사반응을 할 수 있게 된다.

장벽 세포들 간의 밀착연접띠 tight junction 강화 및 유지, 장 누수를 방지한다

밀착연접띠들이 장벽 세포들 사이를 붙여 촘촘한 배열을 만듦으로써 장 누수가 없는 튼튼한 장벽의 정상적인 장을 갖게 하는데, 유익한 마이크로바이옴 조성일 때 이 밀착연접띠들이 강화되고 유지되어 장 누수를 막는 데 도움이 된다고 알려져 있다.

장벽 세포들 연접이 파괴되면 장 누수로 외부 균들과 이상 물질(독성물질 등)이 장벽을 마구 통과해 들어가 여러 병변 상황을 만들 뿐만 아니라, 정상 음식물도 소화되어 흡수되는 형태가 채 되기 전에 장 림프조직과 혈액에 흘러 들어가고, 이들을 외부 침입자로 인식해 공격하는 항체 형성으로 이상이 없던 일상 음식에도 이상반응(알레르기 등)을 일으킬 수 있다. 심바이오시스 상태는 장벽 밀착연접을 강화해 아무 물질이나 장벽을 통과하도록 두지 않으므로 결국 면역세포들이 필요 시에만 정상적 방어반응(정상면역반응)을 하게 돕는다.

정상적 장뇌축 형성, 정신적 건전이 확보된다

장뇌축(Gut-Brain Axis, GBA)은 장과 뇌신경계가 한 축으로 연결되어 있다는 말이고, 장내 미생물 환경이 신경전달물질 생성에 관여하는 등 신경계 및 내분비계 조절에 관여해 뇌까지 영향을 미친다는 의미다. 이것이 장을 '제2의 뇌'라고 부르는 이유다.

이렇게 장의 건전한 기능이 정상적 장뇌축을 형성하게 해, 신경 기능적 병변을 막고 신경세포의 정상적 활동을 이루는 정신적 건전이 확보되도록 한다. 예를 들어, 파킨슨병 같은 신경 기능적인 병변도 장벽의 기능 이상으로 장신경계의 변화가 수반되는 것으로 알려져 있다. 또한 산모의 장 미생물 조성이 태아의 뇌 발달과 관련되어 산모의 장 미생물 불균형이 자폐아 출산에 직접적인 영향을 준다는 연구 사실도 알려진 바 있다.

Short Chain Fatty Acids(SCFA)를 비롯한 생리적 유효 물질의 생산
SCFA는 장내 유익균(프로바이오틱스)이 가장 많이 생산하는 우수한 기능의 특이 성분이다. 아세트산acetate, 프로피온산propionate, 부티르산butyrate이 주요 SCFA이며, 특별한 탄수화물(프리바이오틱스)을 프로바이오틱스 유익균들이 발효해 대사하여 생성한 것인데, 이 SCFA는 장 세포벽 세포의 일차적 에너지원이며, 장 점액 물질의 분해와 생성의 항상성 유지에 도움을 주어 건강한 장 상태와 모양을 유지하는 데 필요한 물질이다. 또한 병원균을 비활성화해 억제하며, 염증 방지나 체중 감소에 긍정적 영향을 주는 등 대사계, 면역계 및 신경계와도 밀접한 관계가 있는 중요한 역할을 하는 특별한 성분이다. 반대로 마이크로바이옴의 불균형으로 SCFA 생산에 문제가 생기면 여러 장질환을 포함해 면역질환, 암 발생에 부정적 영향이 될 수 있음이 최근 연구에서 밝혀졌다.
SCFA 외에도 박테리오신 같은 다른 종류의 항균물질 및 생리활성물질을 생산하기도 한다.

정상적 면역반응에 기여
유익한 장 미생물은 면역세포의 70~80%가 있는 장의 면역체계와 상호 작용하며, 면역기능 조절에 탁월한 역할을 한다. 즉 외부 이상 물질에 대항하는 일반적인 면역반응 외에 면역과잉으로 발생되는 자가면역반응 조절에도 기능을 한다.
자가면역반응이란 정상 물질도 외부 이상 물질로 인식해 면역체계를 발동하거나 정상적인 자기 세포(신체 고유의 조직 세포)도 이상 세포로 간주해 장관, 피부, 췌장 등에 면역성 공격을 하는 것인데, 유익균들이 정상 물질을 이상 물질로 인식되는 상태로 흡수되지 않게 하므로(연접띠 강화 등으로) 근본적으로 억제 기능이 있고, 또한 신체 고유 조직과 외부 물질을 구분할 수 있도록 돕는 기능이 있으므로 자가면역반응 억제에도 도움을 준다. 따라서 유익한 조성의 마이크로바이옴을 유지하는 것은 정상적 체내 면역체계를 지속하는 강력한 방법 중 하나가 된다.

유해한 물질 처리
독소는 인간 DNA의 구조를 변화시킬 수 있다. DNA 구조 변화는 체내에 필요한 단백질을 만들 때 원래 구조와 다른 비정상 단백질로 만든다는 뜻이고, 비정상적인 단백질이 생긴

다는 것은 인체 내에 엄청난 재난이 된다. 예를 들면, 단백질로 이루어진 면역항체의 고유 모양 구조가 아닌 비정상 구조의 면역체가 생겨 면역기능을 제대로 발휘할 수 없게 될 수도 있다.

또한 변화된 DNA 정보에 따라 세포 내외에 단백질이 만들어졌다면 원래와는 다른 단백질이 만들어졌을 것이고, 이렇게 변형된 단백질이 구성한 세포조직의 구조도 변하게 된다. 그렇게 되면 자기 세포조직을 외부 물질로 인지하고 면역세포가 자기 조직을 공격하게 된다. 이것이 자가면역질환으로 이르는 메커니즘이며, 공격 장소가 어디냐에 따라 장병변, 피부병변, 뇌병변, 관절병변 등이 일어나게 되는 것이다. 게다가 단백질이 본체인 효소들도 제대로 만들어질 수 없어 효소들이 관여하는 세포 내 반응에 차질이 생겨 대사적 병변으로 여러 질환이 나타날 수 있다.

또 독소가 쌓이면 독소의 해독 체계와 해독 효소를 가지고 있는 간의 피로로 물질 처리에 어려움이 생겨 독성물질이 더 쌓이고 또다시 DNA가 손상되는 악순환으로 면역반응 등에 이상 변화가 일어나게 된다.

건강한 장 미생물 균형 상태는 이러한 유해 물질의 처리, 즉 불필요한 찌꺼기의 청소 및 디톡스detox에도 도움이 된다.

균형성을 잃은 마이크로바이옴 상태 DYSBIOSIS

잘못된 식습관이나 여러 요인으로 조화로운 마이크로바이옴 균형이 깨져 장내의 거대한 미생물 생태 공동체(마이크로바이옴)가 불균형 조성 상태가 되는 것을 '디스바이오시스dysbiosis'라고 한다. 즉 심바이오시스를 이루었던 미생물 조성 비율이 유해한 균들이 많아지는 쪽으로 변화되고 균의 전체적 다양성이 줄어든 상태를 말하며, 심바이오시스symbiosis 상태일 때의 무수한 이점이 사라졌다는 의미다. 일단 장 미생물 불균형이 시작되면 마구 엉망으로 치닫게 되므로, 우리는 예방에 힘써야 하며, 또한 균형 상태로 복원하기 위해 엄청난 노력을 기울여야한다.

장 환경이 나빠진 디스바이오시스 상태일 때 인간에게 나타나는 현상을 살펴보자.

소화기 문제
건강하지 못한 장관 상태이므로 영양소를 제대로 흡수하지 못할 뿐만 아니라 장벽이 얇아지고 장관 벽에 갈라진 틈이 발생해 미처 소화되지 못한 음식이나 병원균 등의 물질이 처리되지 못한 채 혈액으로 새어 들어갈 수 있다. 그럴 경우 예상치 못한 알레르기 반응이 일어나고 그로 인해 예기치 못한 여러 병변이 생길 수 있다.

→ 변비, 설사, 장통증, 염증성 장질환(궤양성 대장염), 과민성대장증후군 증상 등.

면역조절 문제
장 환경이 건강하지 못해서 병원균이나 소화되지 못한 음식 및 이상 화학물질이 장을 통과해 들어오면 우리 몸은 면역반응을 발동시킨다. 이때 산화반응과 염증반응이 수반되며 이것이 만성적으로 진행될 경우 조절된 정상적인 면역기능이 깨지고 면역반응의 이상 과잉으로 자가면역질환이 나타날 수 있다.

→ 알레르기, 천식, 크론병, 류머티즘, 섬유근육통, 하시모토 갑상선염, 아토피피부염, 건선 등.

대사 문제
대사 이상 질환인 당뇨, 비만 등의 환자들은 장 환경이 열악하다고 알려져 있다. 비만에는 여러 가지 원인이 있겠지만 비만인의 장내 마이크로바이옴이 정상 체중인 사람과는 다른 조성을 갖고 있으며, 그에 따른 대사 변화와 염증 진행이 체중 증가를 유도하는 것으로 보고된 바 있다.

→ 비만, 당뇨병 등.

정신적 건강 문제
장이 디스바이오시스 상태가 되면 장뇌축(Gut-Brain Axis, GBA)의 작동이 원활하지 못해 신경체계가 불안해지고 그로 인해 정신신경 관련 질환을 초래할 수 있다.

→ 불안장애, 자폐증, 우울증, 조울증 등.

이런 문제를 해결하기 위해서는 장내 마이크로바이옴의 균형을 유지하는 식생활을 통해 건강한 대사, 면역 및 신경체계의 기본적인 틀을 강화하는 것이 중요하다. 따라서 장내 마이크로바이옴에 긍정적인 영향을 주는 식재료 및 식이를 꾸준히 섭취하는 것이 중요하며, 동시에 운동이나 스트레스 관리 같은 물리적인 방법을 병행하는 것이 도움이 된다.

프로바이오틱스, 프리바이오틱스, 포스트바이오틱스, 콘트라바이오틱스

그렇다면 건강한 장 환경을 만드는 식이란 무엇일까?

조화를 이룬 건강한 마이크로바이옴 형성에 유리해 장 건강에 유익하다는 식이 재료의 구분에 대한 특별한 카테고리 개념이 있는데, 바로 프로바이오틱스probiotics와 프리바이오틱스prebiotics다. 여기에 최근에는 포스트바이오틱스postbiotics와 콘트라바이오틱스contrabiotics의 개념이 더해졌다. 따라서 이 네 가지 개념 특성이 조화롭게 섞인 식이가 바로 건강한 장 환경 식이가 되는 것이다. 이 책은 이러한 모든 것을 식이를 통해 얻는 데에 초점을 두었다.

건강한 마이크로바이옴의 주인공, 프로바이오틱스 PROBIOTICS

프로바이오틱스란?

세계보건기구 WHO에 따르면, 프로바이오틱스란 '적당한 양으로 섭취되어 숙주에 건강적인 이익을 제공하는 살아 있는 미생물'이라고 명시되어 있다.

엄격히 말하면, 인간에게 특별한 건강적인 이익 제공에 대한 연구 결과를 가진 살아 있는 미생물을 보유한 것을 의미한다. 즉 유익한 균들과 유해한 균들을 함께 포함한 미생물 생태계 구성에서 건강에 유리한 비율 균형의 마이크로바이옴 상태를 이루게 하는 미생물들이며, 결국 인간 건강에 도움을 주는 것들이다. 쉽게 말하면 인간에게 유익한 균을 말한다.

비피도박테리움Bifidobacterium 종류와 락토바실러스Lactobacillus 종류의 유산균이 대표적 프로바이오틱스이고, 그 외에 낙산균Clostridium Butyricum, 아커만시아 뮤시니필라Akkermansia Muciniphila, 누룩곰팡이, 청국장균, 나토균 등이 있다. 실제로는 주로 프로바이오틱스에 의한 발효식품으로부터 이들을 식이에서 얻게 된다.

프로바이오틱스 기능 및 지속적 섭취가 필요한 이유

프로바이오틱스가 인간에게 주는 실제적 도움은 크게 두 가지로 나눠볼 수 있다. 하나는 유익균의 장 점막 선점, 즉 장 점막에 유해균보다 먼저 위치해 유해균의 장 부착을 막는 것이고, 둘째는 이들 프로바이오틱스가 생장 증식하면서 생성해내는 무수한 유효 물질의 작용이 그것이다. 유효 물질에는 유산을 비롯한 유기산, 아미노산, 비타민, 부티르산 등의 SCFA(Short Chain Fatty Acid), 박테리오신 등이 있다. 이들이 인간 체내에서 인간에게 유익한 생리적 기능을 다양하게 보이는 것이다.

프로바이오틱스를 섭취하는 이점은 믿을 수 없을 만큼 훌륭한 기능의 마이크로바이옴 구축에 있지만, 이들 프로바이오틱스는 영구적으로 장내에 머무르지는 못하는 단기체류의 특징이 있다. 그럼에도 이들은 건강한 마이크로바이옴을 만들어내어 지속적으로 체내 대사 작용이나 면역계 및 신경계에 유익한 영향을 주고, 병적 장 증상 완화에 도움이 되므로, 항상 장내 일정량을 유지하기 위해 식이에 규칙적으로 매일 포함시켜야 하는 필수 이유가 있는 것이다. 이때 프리바이오틱스를 함께 섭취하면 유익한 프로바이오틱스의 생존율이 높아지므로 장내 체류 기간을 연장할 수 있다.

프로바이오틱스 식품 Probiotics Foods

채소 발효식품 Fermented Vegetables
김치(한국 전통 발효식품, 프리바이오틱스 & 콘트라바이오틱스인 배추, 무, 파, 마늘 등과 프로바이오틱스 유산균 및 포스트바이오틱스인 유산균 발효 대사 산물로 구성된 식품)가 대표적이며, 그 외에 독일에서 즐겨 먹는 양배추 발효식품인 사우어크라우트 sauerkraut와 오이나 채소로 만드는 피클 pickles이 있다.

콩 발효식품 Fermented Soy
유익균이 함유되어 있을 뿐만 아니라 콩류의 독성이 완화되면서 소화력을 높이고 병원균의 과증식을 막기도 하는데, 한국 전통 장류인 된장, 간장, 청국장, 고추장을 비롯해 일본의 나토 natto, 미소 miso 그리고 인도네시아의 템페 tempeh가 여기에 해당한다.

발효음료 Fermented Beverages
약간 시고 거품이 있는 콤부차 kombucha를 비롯해 동유럽 및 러시아에서 즐기는 케이바스 kvass를 꼽을 수 있다.

우유 발효식품 Cultured Dairy Products
요거트 yogurt, 케피어 kefir, 사우어크림 sourcream 등이며, 발효 과정에서 프로바이오틱스 유산균이 유당을 이용해 유산(락트산) lactic acid을 생성하여 유당 소화에 어려움을 겪는 사람들의 불내증을 완화해줄 수 있다.

과일 발효식품
사과식초 Apple Cider Vinegar 등이 있다.

프로바이오틱스 생존율을 높이는 프리바이오틱스 PREBIOTICS

프리바이오틱스란
인간은 소화하지 못해 에너지원으로 쓸 수 없지만 장내 유익균(프로바이오틱스)의 먹이로 선호되어 프로바이오틱스가 선택적으로 이용하는 식이 성분을 말한다. 프리바이오틱스가 프로바이오틱스 균에 이용되면서 이 특별한 프로바이오틱스 균들의 성장과 기능 발현을 활성화하고, 이에 따라 궁극적으로는 인간의 건강을 향상시키는 결과로 이어진다. 프리바이오틱스는 프로바이오틱스를 잘 자라게 해 장속에서 오래 생존하게 함으로써, 장내 마이크로바이옴 구성을 유익하게 만드는 효과가 프로바이오틱스 단독으로 존재할 때보다 좀 더 오래 지속된다. 실제로 프리바이오틱스 없이는 필요한 만큼의 프로바이오틱스 개체수가 유지되기 어렵다.

프리바이오틱스로 분류되려면 다음과 같은 기준을 맞춰야 한다.
- nondigestible(인간의 입장에서 난소화성) 올리고당 및 다당류 성분들이다.
- 인간에게 유익한 방향으로 작용한다.
- 장내 프로바이오틱스 균들의 성장과 작용을 선택적으로 활성화한다.
  즉 유해균의 먹이가 아니고 유익균의 먹이인 것이다.

인간이 소화하지 못하는 식이 성분(주로 섬유소 및 난소화성 올리고당 등의 탄수화물)이라는 것은 인간이 소화 분해해 에너지원으로 쓰지 않는 탄수화물을 주로 말하며, 이들은 '위나 소장을 거칠 때 상당 부분 분해되지 않고 대장까지 간다'는 의미를 가진다. 분해되지 않고 대장에 도착한 당류를 대장에 존재하는 유익한 프로바이오틱스 균들이 먹이로 이용하는데, 즉 프로바이오틱스들이 소화 분해해 그들의 에너지원으로 사용하면서 생육한다. 그 과정에서 심지어 인간 생명현상에 유리한 물질까지 만들어내는 일을 하게 된다. 그뿐만 아니라 유익한 프로바이오틱스 균들이 우세하면 유해한 균들을 억제하며 마이크로바이옴의 균형을 맞추면서 대장 유해균들이 다른 장기나 조직에 번지지 못하도록 막는다.

또한 장벽 보호를 위해 섬유소 등의 프리바이오틱스가 필요한 이유도 있다. 뮤신이라는 물질은 인간의 장벽을 보호하는 점액질의 주성분인데 이 성분은 2주 정도의 간격으로 분해와 생성을 반복 순환(뮤신의 turnover)하며 정상적인 건강한 장벽을 유지하게 한다. 프로바이오틱스 유익균에는 이 뮤신의 분해-생성 순환을 정상적으로 이루어지도록 돕는 종류도 존재해 장벽을 보호하는 데 도움이 되고 있다. 그런데 섬유소 등 프리바이오틱스 먹이가 부족하면 장내 프로바이오틱스 유익균들이 아직 분해되지 않아야 하는 뮤신도 먹이로 써버린다. 그렇게 되면 유익균이 존재하는데도 장벽이 얇아지면서 여러 문제가 발생할 것임이 자명하다. 따라서 유익균에게 따로 먹이를 충분히 공급해줘야 한다. 즉 유익균 먹이로 쓰이는 섬유소, 이눌린 등의 프리바이오틱스를 많이 섭취해야 한다.

또한 프리바이오틱스가 되는 식품에 대한 예민도가 개인별로 다를 수 있다. 그렇더라도 장내 유익균들에 프리바이오틱스를 먹이는 것을 완전히 배제할 수 없으므로, 이 경우 가능한 한 많은 종류의 프리바이오틱스 식이를 먹어보고 양을 조절함으로써 개인의 허용 정도 tolerance를 알아내는 것도 필요하다.

프리바이오틱스가 되는 식품 Prebiotics Foods

식이섬유dietary fiber, 비전분성 다당류nonstarch polysaccharides 및 일부 올리고당(fructo-oligosaccharides, inulin, galacto-oligosaccharides 등)을 함유한 식품들로, 대부분의 과일, 채소는 프리바이오틱스 식품이며 일부 콩류, 견과류도 포함된다.

과일Fruits
블루베리, 석류, 천도복숭아, 망고, 체리, 바나나, 키위,
멜론류(water melon, casaba melon, muskmelon, oriental melon) 등

채소Vegetables
십자화과cruciferous 채소 : 배추, 무, 부추, 콜리플라워, 양배추, 청경채 등
파속allium 채소 : 파, 양파, 샬롯shallots, 마늘 등
잎채소leafy greens : 민들레 잎, 치커리chicory, 겨자 잎, 근대, 케일 등
그 외 아스파라거스, 비트, 회향fennel, 완두콩, 히카마jicama, 파스닙,
치커리 뿌리chicory root, 예루살렘 아티초크jerusalem artichoke, 당근 등

콩류Legumes
검은콩, 강낭콩, 병아리콩, 렌틸콩 등

저항성 전분Resistant Starches(인간의 소화에 저항성을 보이는 전분)
참마, 조리용 바나나plantains 및 익힌 후 식은 전분식품(콩류, 쌀, 감자, 고구마) 등

견과류Nuts
아몬드almonds, 호두, 잣 등

신바이오틱스 SYNBIOTICS

프로바이오틱스와 프리바이오틱스의 혼합을 뜻하며, 쉽게는 유익한 미생물들과 그들의 성장에 필요한 먹이를 함께 이르는 말이다.

포스트바이오틱스 POSTBIOTICS

열처리 등에 의해 프로바이오틱스는 죽거나 파괴되는데, 이 사균들과 균세포 분해물 및 죽기 전에 이미 생산해낸 유효 물질들을 포스트바이오틱스라고 말한다. 죽은 균 자체로서도 심바이오시스 Symbiosis(조화와 균형 잡힌 마이크로바이옴)에 친숙한 환경을 만들어 장 상태를 개선하고 생리활성 발현을 돕기도 하며, 프로바이오틱스가 죽으며 나오는 균세포 분해물들과 이미 균이 생성해냈던 생리 유효 물질들이 장내 마이크로바이옴 균형에 유익한 영향을 준다.
식이의 예를 들면, 김치찌개, 된장국, 사우어도우 빵 등이 있다.

콘트라바이오틱스 CONTRABIOTICS

콘트라바이오틱스란 바람직하지 못한 병원균이 장 부착을 못 하게 하여 병원균에 의한 장 공격을 막고, 장 밖으로 병원균이 배출되게도 하는 식품 성분들을 말한다.
난소화성 섬유질 poorly digestible fiber, 소화저항성 전분 resistant starch, 폴리페놀 polyphenol 등이며, 일부는 프리바이오틱스의 역할을 병행하기도 한다. 여러 향신 식물도 콘트라바이오틱스로 작용해 장내 병원성 균들의 성장을 저해하는 특성을 보이는 것들이 있다. 바질, 고수, 캐머마일, 계피, 고추, 파프리카, 크랜베리, 마늘, 녹차, 육두구 nutmeg, 올리브, 감귤류 껍질, 파파야, 페퍼민트, 로즈메리, 세이보리, 타임, 강황 등이 이에 속한다.

여기서 다시 한번 강조하고 싶은 것은 프로-, 프리-, 포스트-, 콘트라-바이오틱스를 제품화한 것으로 섭취하는 것에 비해 식이로 섭취하는 것에 대한 유익성이다. 물론 제품화한 것으로 섭취하는 것도 건전한 마이크로바이옴 구축에 큰 도움이 되지만, 식이로써 섭취하는 것이 좀 더 생물 친화적 bio-familiar으로 여겨질 뿐만 아니라 유효 제품들만 믿고 식이를 불건전하게 섭취한다면 또 다른 불균형 문제가 발생해 소용이 떨어지게 되므로, 식이를 통해 유익한 성분들과 유효균들을 함께 취하는 것이 결국 훨씬 유리하다. 우선적으로 식이로써 마이크로바이옴 조화의 근간을 튼튼하게 구축하고 유지하는 동시에 제품의 도움을 보충적으로 받아 더 큰 효율을 보도록 함이 바람직하다는 것이다. 그리고 바람직한 식이 변화로 장내 세균들이 이로운 구성으로 변화되었다 해도, 다시 잘못된 식이를 하면 유익한 장내 세균 분포가 유해 상황으로 변해,나빠질 수 있으므로, 유익한 미생물 구성 분포를 만들어내는 식이를 계속 섭취해 장내 유익 환경을 유지해야 한다.
또 인간은 생명 유지를 위해 매일 식사를 꼭 해야 하지만, 식욕을 만족시키는 정신적 건전함을 유지하기 위해서도 식사를 해야 한다.
따라서 인간의 육체와 정신 건강 유지에 꼭 필요한 식사를 마이크로바이옴 조화에 유익한 방향으로 계속적으로 유지하면, 식이를 통해 육체적, 정신적으로 건강한 삶이 지속되는 데 도움이 되는 것이다.

식이를 통한 건강한 마이크로바이옴 형성을 위해 꼭 해야 하는 실제적 노력

탄수화물은 필수 식이 성분이다. 제대로 알고 선택하자

탄수화물은 세포의 가장 기본적인 에너지원이므로 중요한 영양소이고, 훌륭한 프리바이오틱스가 되기도 하는 성분이다. 다만, 그 종류와 섭취량의 정도를 잘 알고 조절하여 선택하는 것이 중요하다.

단순 포도당 중합체인 전분으로만 이루어진 과도정 곡류만을 포함하는 식이는 줄이고, 더 복잡한 구조의 탄수화물을 식이에 포함시켜야 한다. 특히 섬유소 dietary fiber는 인간이 소화분해효소를 내지 못해 소화 분해하지 못하나, 장에서 버리고자 하는 물질들을 잡아 몸 밖으로 배출할 뿐만 아니라 이들은 유용한 프리바이오틱스가 되기 때문에 중요한 탄수화물이다. 그 외에 이눌린, 프락탄, 갈락탄 등의 프리바이오틱스 탄수화물도 식이에 포함시키는 것이 유리하다. 다만 이들 난소화성 탄수화물들을 장내에 프로바이오틱스가 존재하여 먹이로 분해해야 난소화 불편감이 없어진다는 점을 상기하자.

정제 곡류와 함께 조심해야 할 것 중 하나는 정제 설탕이다. 정제당은 혈당의 급격한 상승과 체중 증가 외에 병원성 균들의 과증식을 동반해 장내 세균 균형 파괴의 위험성을 높일 수 있어 제한하는 것이 좋고, 고과당 콘시럽high-fructose corn syrup도 마찬가지로 피해야 한다. 단맛에 대한 욕구는 과일, 생꿀, 야생 메이플시럽maple syrup 또는 사탕수수 원당 등 인공적인 정제 과정을 거치지 않은 자연 그대로의 단맛 식품으로 대신하는 것이 좋다. 또한 당 대용 인공감미료는 장내 마이크로바이옴 유지에 바람직하지 않은 종류가 많으므로 사용을 자제하는 편이 좋다.

색을 즐기며 섭취한다, 채소와 과일

채소와 과일류는 체내 구성과 대사작용에 필요한 비타민과 미네랄 및 여러 기능성 물질 phytochemical을 풍부하게 함유하고 있으며, 많은 양의 섬유소도 가지고 있어 장내 유익한 미생물(프로바이오틱스)들이 선호하는 먹이 재료(프리바이오틱스)로 제공됨으로써 인간의 건전한 마이크로바이옴 유지, 즉 장내 미생물의 유익한 형성에 이로운 환경을 만들어 인간의 건강에 큰 도움이 된다.

여러 채소와 과일은 프리바이오틱스의 역할을 할 뿐만 아니라, 각각 고유의 색을 나타내는 성분들이 유익한 기능을 하는 파이토케미칼phytochemical이므로 훌륭한 식재료다.

우선 초록잎 채소는 클로로필chlorophyll(엽록소)과 폴리페놀 물질을 특징적으로 함유하고 있는데, 이들은 항산화 작용으로 항노화, 면역 증강 효과가 있으며, 해독 및 세포재생 기능을 해 피로로 인한 이상 증상의 회복에 도움이 된다.

 주홍 또는 황색 채소(당근, 토마토, 오렌지, 단호박 등)는 카로티노이드 성분을 함유해 자외선에 의한 유해 작용을 억제하고 시력 유지와 피부 탄력에 도움을 주며, 항산화 효과와 함께 면역력 향상에 도움이 된다.

 빨간색, 보라색 채소(딸기, 블루베리, 포도, 자색 고구마, 검은콩 등)는 안토시아닌 성분을 함유하고 있는데, 이 물질은 강력한 항산화제로서 활성산소 제거에 탁월해 항노화, 항염, 항암 효과가 있고, 활성산소에 의해 손상될 수 있는 모세혈관을 튼튼히 해 심장질환을 예방하며 혈액순환과 시력 개선에도 도움이 된다.

흰색 채소(더덕, 우엉, 연근, 도라지, 무 등)는 플라보노이드 계열의 안토크산틴 성분이 들어 있다. 폴리페놀 구조가 대부분인 이들은 체내에서 항산화제로 면역력 향상에 도움이 될 뿐 아니라 유해 물질의 배출을 돕는다. 특히 십자화과 채소(양배추, 배추, 콜라비, 무 또는 초록 색소를 같이 가진 브로콜리, 케일, 겨자 등)는 글루코시놀레이트 성분이 들어 있고

파속 채소(파, 양파, 마늘 등)는 알리신 등을 함유하는데, 이들은 황sulfur 성분을 함유한 물질로 항바이러스 효과를 보이기도 한다.

가장 바람직한 것은 유기농 채소와 과일을 선택해 골고루 섭취하는 것이다. 또한 몇몇 특이한 물질을 함유한 채소와 과일류는 조리 방법(p.37, 39 참조)에 유의한다.

질 좋은 단백질을 똑똑하게 섭취하자

단백질은 인간의 피부, 근육, 혈액, 면역체 등의 형성에 필요한 중요한 성분이고, 체내 모든 대사반응에 필요한 효소의 본체이므로 반드시 섭취해야 한다. 또한 장내 유익 미생물 생육을 위한 질소 공급원이 되므로 필요하다. 하지만 소장에서 소화되지 못한 잉여 단백질이 대장으로 너무 많이 내려오면 장내 미생물에 의한 부패발효 생산물이 증가해 잠재적으로 유해한 물질을 만들어내는 데 일조해 오히려 염증 생성을 촉진하고 간과 신장에 무리를 주므로, 적당량(하루에 체중 kg당 약 1g 정도)을 섭취해야 한다.

또 좋은 구성의 단백질을 선택해야 하는데, 포화지방이 적은 육류 및 생선 단백질이나 식물성 단백질이 좋다. 그중에서도 GMO(유전자 조작 식품) 또는 항생제를 먹여 키운 육류는 피하고, 자연 방목 육류와 자연산 생선을 선택하도록 한다.

또한 단백질 성분들 중 알레르기나 자가면역질환 유발에 관련된 종류들이 있는데, 그런 종류의 단백질은 배제하거나 식품을 조리할 때 알맞은 방법을 선택하면 상당 부분 그 영향을 줄일 수 있으므로, 단백질 조리 방법에 유의할 필요가 있다. 예를 들면, 밀가루의 글루텐, 콩류의 헤마글루티닌, 여러 식품의 렉틴 등인데 뒤에 소개할 관련 내용을 참조한다.

건강한 지방, 건강한 방법으로 섭취하자

우리가 평소 섭취하는 식이지방 역시 장내 미생물의 구성과 대사작용에 영향을 미친다. 식이지방의 종류에 따라, 즉 포화지방이냐 불포화지방이냐에 따라서 장내 미생물에 미치는 영향 또한 달라진다. 포화지방은 체온 유지 등에 사용될 정도로 우리 몸에 필요한 지방이지만 과도하게 섭취할 경우 많은 문제를 초래할 수 있으므로 섭취량을 조절해야 한다. 그리고 건강한 세포막 형성과 호르몬 생성 및 장 환경 유지에 필요한 필수 불포화지방산과 인지질은 적절하게 섭취하는 것이 좋다.

건강에 이로운 필수 불포화지방은 엑스트라 버진 올리브 오일, 아보카도 오일, 코코넛 오일, 피시fish 오일, 참기름, 들기름 등에 함유되어 있으며 식이에 포함시켜야 한다. 다만 이들 불포화지방이 열과 산소에 의해 산화되면 건강에 해로운 물질로 만들어지기 쉬우므로, 가열 조리하지 않고 산소 접촉 역시 최소화하도록 섭취 직전에 사용한다.

> * 포화지방과 불포화지방
> 중성지방을 구성하는 지방산의 화학적 구조가 탄소 사이 결합에 화학 이중결합 없이 모두 수소가 결합되어 수소로 포화되어 있는 경우의 지방을 포화지방이라 하며, 탄소 사이 이중결합으로 탄소에 수소로 포화되어 결합되지 않은(결국 불포화) 구조를 가진 지방산을 함유한 지방을 불포화지방이라 한다. 상온에서 고체인 동물성 지방은 대부분 포화지방이고, 상온에서 액체인 식물성 지방은 대부분 불포화지방이다.

유제품 선택도 깐깐하게 하자

우유나 유제품도 되도록 100% 목초 사육 소에서 얻은 것을 선택하는 게 좋다. 특별히 우유의 성분 중 유당을 소화시키지 못하는 유당불내증lactose intolerance인 사람은 유당 제거 우유를 선택하고, 또한 일반적 우유에 들어 있는 단백질의 한 종류인 특정 베타카제인(a1 베타카제인)에 이상반응을 일으키는 사람들은 우유 선택에 주의를 기울여 a1 베타카제인이 함유되지 않은 우유(a2 우유, 고전적 방목으로 자연목초를 먹여 키우는 저지소 종에서 짠 우유)나 100% 산양유, 우유 대체 음료(아몬드 밀크, 코코넛 밀크)를 선택하는 것이 좋다. a1 우유에 이상반응이 있는 경우, 발효 유제품(요거트, 치즈, 버터 등)도 a1 베타카제인이 없는 우유로 만든 것을 이용하고, 그 외 양젖, 염소젖 및 물소젖으로 만든 제품을 사용해도 좋다.

건전한 마이크로바이옴 형성의 최고 식이, 발효식품을 가까이하자

'발효식품이 장에 좋다'는 말은, '프로바이오틱스 미생물로 발효시킨 음식을 섭취해 장내에 유익한 미생물들을 공급하는 것이 장내 건강한 마이크로바이옴 유지에 굉장히 좋은 방법이다'라는 뜻이다. 발효 식이는 유익균들이 발효에 의해 식품 재료들로부터 생산한 생체 기능적으로 우수한 물질을 풍부하게 함유하고 있을 뿐만 아니라, 이들이 유해균 자체를 억제하기도 하는 이점이 있다.
채소나 과일 발효식품과 발효 유제품이 균형 잡힌 건강한 장 마이크로바이옴 형성에 필수적인 훌륭한 식이다. 특히 김치유산균은 내산성, 내담즙성이 우수해 살아서 장까지 도달할 확률이 높다는 점에서 상당히 우수한 프로바이오틱스다.

글루텐GLUTEN 함유 제품 선택 시 주의를 기울여야 한다

밀이나 밀가루 등에 있는 글리아딘gliadin 단백질과 글루테닌glutenin 단백질이 반죽될 때 서로 모여 탄성을 가진 글루텐gluten이 만들어지므로 거의 모든 밀가루 음식에는 글루텐이 함유되어 있으며, 또한 여러 식품 소스에 점성을 주기 위해 첨가되어 있기도 하다.

분해되지 않은 글루텐은 장관 세포벽에 붙고 조눌린 신호전달 활성화를 통해 장벽 세포 사이의 밀착연접띠tight junction를 약화시킨다. 이에 장벽세포 사이가 떨어져 장벽 사이사이가 뚫리는 장 누수가 발생하기 쉽다. 이렇게 되면 글루텐을 비롯한 외부 물질이 장벽을 무사통과하게 되고 이들에 대항 면역체가 생성되어 면역반응이 일어나는데, 다시 장벽세포 등 자기세포를 염증반응으로 공격하는 자가면역반응을 일으키게 되는 경우가 많아 문제가 되는 것이다.

장관에 유익한 마이크로바이옴 환경이 조성된 경우 이러한 장 누수를 방지하는 데 도움이 된다. 이는 글루텐을 분해하거나 밀착연접띠를 강화하는 효과 때문이다.

소화관의 형태적 병변(셀리악병, celiac disease)을 가진 사람들과 글루텐 섭취 시 불편감을 느끼는 사람들은 글루텐을 제한하는 것이 좋다.

밀, 귀리, 호밀 등이 글루텐 함유 곡류이므로 주의하고, 식품 소스 선택도 신중히 한다. 빵, 파스타, 시리얼, 쿠키 등은 가공 과정에서 글루텐이 생성된다. 따라서 이러한 가공식품들을 주의한다. 그 외 쌀, 퀴노아, 수수, 기장, 아마란스, 타피오카 등은 글루텐이 없는 곡물이다. 곡물가루 제품을 구입할 때도 글루텐이 없는(글루텐프리, gluten-free) 제품을 선택하고, 글루텐프리 가루로 만든 베이커리 제품을 이용하면 불편감을 낮출 수 있다.

과한 조리OVERCOOKING는 피하고, 성분에 따라 조리 방법을 알맞게 선택한다

생으로 먹을 수 있는 식품은 되도록 신선한 상태로 섭취하는 것이 바람직하고, 필요 이상의 과도한 조리는 식품 본래 성분 및 소화를 돕는 효소까지도 파괴할 수 있으므로 피한다.

또한 식품 종류에 따라 알맞은 조리 방법을 택해야 한다. 예를 들어 콩류는 반드시 가열 조리해야 하는데, 그 이유는 적혈구 응집작용을 하는 콩류의 헤마글루티닌 성분이 가열되면 독성도 함께 사라지기 때문이다. 또한 당근은 익히거나 발효시키면 당근의 아스코르비나아제(비타민 C 파괴 효소)가 불활성화되므로, 비타민 C를 함유한 다른 채소와 함께 섭취할 수 있다. 또 고려해야 할 성분이 렉틴인데, 렉틴을 함유한 식품 조리 시 주의점을 이해하고 조리한다.(p.39 참조)

렉틴 함유 식품은 조리법을 준수하여 섭취한다

렉틴은 외부 미생물이나 해충으로부터 보호하기 위해 식물 자체에 함유된 단백질의 일종이다. 소량 섭취하면 큰 문제 없지만 지속적으로 과도한 양을 섭취하면 문제가 된다. 장내 세균총을 변화시킬 수 있고, 소화 분해되지 않기 때문에 소화불량으로 인한 불편감을 야기할 수 있으며, 무엇보다 장내 점막세포에 결합해 장벽의 정상적 기능을 방해해 염증 및 과도한 면역반응을 일으킬 수 있다는 점인데, 그렇기 때문에 자가면역질환자라면 특히 주의해야 한다.

렉틴은 주로 식물의 두꺼운 껍질과 씨에 많이 들어 있으므로, 통곡물류, 콩류, 씨앗류, 씨 함유 채소, 단단한 껍질 채소 등에 함유되어 있다. 이 식품들을 식이에서 완전 배제하긴 어렵기 때문에 렉틴을 불활성화할 수 있는 조리법을 활용하는 것이 필요하다. 렉틴은 배제하면서도 다른 유익한 성분은 섭취할 수 있기 때문이다.

렉틴 함유 식품은 다음과 같이 조리한다.

가압가열
콩류 및 통곡물의 경우 고압으로 가열 조리하면 렉틴이 파괴된다. 따라서 렉틴이 함유된 콩류와 통곡물은 압력밥솥 같은 가압가열 조리 방법을 선택하는 것이 효과적이다.

껍질과 씨앗 제거
렉틴 함유 채소의 경우 가압 조리를 하면 조직이 파괴되어 식감 변화를 초래할 수 있다. 그렇기 때문에 조리할 때, 렉틴이 주로 함유되어 있는 껍질과 씨를 제거하고 사용하는 것이 좋다. 예를 들어 피망은 씨를 제거하고, 껍질이 두꺼운 채소의 껍질 역시 제거한다. 고춧가루는 씨를 뺀 가루를 이용한다.

데치기
끓는 물에 데치기만 해도 렉틴 감소 효과가 있기 때문에 질긴 채소는 데치는 것도 유리하다. 토마토나 무청은 껍질을 제거할 때 데치기를 이용하면 쉽다.

발효시키기
콩, 씨앗, 곡물은 발효 과정을 거치면 렉틴이 분해되고 감소된다. 콩을 발효시킨 장류나 효모발효 반죽 빵을 섭취하는 것이 렉틴의 영향을 낮출 수 있는 방법이다.

발아시키기
곡류를 발아시키면 렉틴이 비활성화되므로 추천할 만하지만, 싹 틔운 콩은 싹을 틔울 때 오히려 렉틴이 강화되므로 피한다.

침지 전처리
생콩 등을 물에 12시간 정도 담갔다가 사용해도 렉틴 감소 효과가 있다.

가공식품을 피하자

물리화학적 공정을 거쳐 공장에서 대량 생산되는 가공식품들은 가공 처리 동안 식품에 생화학 구조의 변화가 일어나고 식품이 가진 고유의 영양적 가치가 떨어지며, 우리 몸은 가공되어 변화된 식품을 소화시키지 못하거나 그것을 소화시키기 위해 원래와 다른 상태로 우리 몸을 변화시키는 등 여러 생리적 문제가 발생하기 쉽다. 또한 많은 첨가물 가공식품의 화학물질 자체(방부제, 유화제, 증점제 등)가 장 미생물의 건강한 조성을 파괴하므로 가공식품은 되도록 피하는 것이 좋다.

음식은 충분히 씹어 넘기자

음식물의 저작(씹기, chewing)은 타액의 소화효소와 음식물을 혼합시킬 뿐 아니라 위장의 효소 생성도 자극해 소화를 돕는다.

장 누수 등의 장 건강 악화 상태일 때, 음식물이 충분히 저작되지 않고 고분자 형태로 장내 유입되어 곧바로 장벽을 통과해 들어가면 정상 물질임에도 이상 물질로 간주되어 면역 체계가 발동해 자가면역 상태를 더하게 된다. 뿐만 아니라, 부적절하게 저작된 음식물이 위를 통과해 소장에서도 분해·흡수되지 않고 대장에까지 도달하면 병원성 균들의 먹이로 제공될 수도 있으므로 올바른 저작은 중요한 식사 습관이다.

식사하는 동안 음료는 적당하게 섭취한다

소화효소의 작용은 가수분해가 기본이므로 수분이 너무 없어도 소화에 좋지 않다. 그러나 식사 중 과도한 액체는 타액 희석과 소화효소 희석 및 변성denaturation을 일으켜 소화를 방해할 수 있으므로 식사 중 음료의 과다 섭취는 피하고, 뭔가를 마셔야 할 때는 얼음 없는 물을 선택하는 것이 좋다.

술도 첨가물 없는 순수 발효 주류를 선택한다

하루 1~2잔 정도의 적포도주 섭취는 병원성 균의 감소와 장내 세균에 프리바이오틱스 효과가 있다고 발표된 바 있으나, 과도한 알코올 섭취는 장내 미생물 조성을 나쁜 방향으로 변화시키고, 염증반응에 관련되며 장 및 간 기능에도 악영향을 미친다. 따라서 식사에 곁들여야 한다면 첨가물이 없는 순수 발효 주류를 최소량만 섭취하는 것이 바람직하다.

저자가 생활화하는
장 건강 식이 재료 선택과 조리 방법

모든 식이에 세심하게 신경을 쓰며 재료 선택과 조리를 해야 하지만, 그중에서 특별히 신경을 쓰는 부분을 소개하면 다음과 같다.

모든 식재료는 되도록 유기농ORGANIC, 목초사육 100% GRASS-FED, 방목PASTURED 그리고 신선FARM-FRESH 제품을 사용하도록 노력한다

유기농 및 농장 직송 신선 제품은 마이크로바이옴 부조화를 가져올 수 있는 농약이나 방부제 등의 위험에서 벗어날 수 있기 때문이다.
또한 목초사육으로 키운 육류나 방목으로 키운 가금류를 사용하고, 유제품도 목초사육 소에서 얻은 우유로 만든 유제품을 사용하며, 방목 닭에서 나온 달걀을 사용해, 장 불편감이 생길 어떠한 이유도 배제하려고 노력한다.

건강한 마이크로바이옴을 위한 최고 식이는 발효식품이니, 식이 차림에 꼭 포함시킨다

채소나 과일 그리고 콩류를 재료로 한 발효식품은 프로바이오틱스, 프리바이오틱스, 포스트바이오틱스 및 콘트라바이오틱스의 역할을 다 가진 식이로서 균형 잡힌 건강한 장 마이크로바이옴 형성 및 유지에 최고의 식품이다. 따라서 모든 식이에 어떤 형태로든 포함시키려고 노력한다.
요거트나 치즈 등 발효 유제품들도 건강한 마이크로바이옴을 위한 훌륭한 식품이나, 앞에서 언급했듯이 일반 우유에 예민하거나 자가면역질환이 있는 경우에는 a1 우유가 아닌 a2 우유 (100% 목초사육 저지 종 소의 우유)로 만든 발효 유제품을 선택한다. 그 외에 100% 산양유와 산양유 유제품, 물소buffalo 치즈, 염소goat 치즈 등의 발효 유제품을 사용한다. 또한 우유의 영향을 배제해야 하는 경우, 코코넛 밀크로 만든 발효 제품을 이용한다.

올리브오일을 자주 사용한다

되도록 유기농 엑스트라 버진 오일을 사용한다. 올리브 오일에는 기능적 불포화지방산이 함유되어 있을 뿐만 아니라 콘트라바이오틱스로 작용하는 폴리페놀계 항산화물이 있어 장점이 있다. 다만 반드시 주의해야 할 점은 산소와 열에 쉽게 산화되므로 가열하지 않고, 항상 먹기 직전에 덜어 먹으며, 오일 병은 바로 뚜껑을 닫아 서늘하고 어두운 곳에 보관한다.

맛의 기본은 각종 육수로 낸다

뼈, 닭, 채소, 갑각류, 마른 멸치 등의 주재료에 각종 콘트라바이오틱스가 되는 향신 재료들을 넣고 육수를 만들어 사용해 소스, 수프, 국, 조림, 볶음 등의 맛을 낸다.
소금과 설탕 사용 시, 자연 미네랄 소금과 사탕수수 원당을 쓴다. 또는 생벌꿀과 생메이플시럽을 사용한다. 장내 건전한 마이크로바이옴 형성에 방해가 되는 정제 소금과 정제당 및 인공감미료는 쓰지 않는다.

마이크로바이옴 측면과 영양적 관점,
모두 만족하는 간단 특별 조리법을 사용한다

식재료를 익힐 때 대부분 증기steam를 이용하는데, 그 이후 이어지는 조리 시간을 단축하고 단순화하는 목적도 있지만, 고유 맛과 영양소 보유 측면에서도 유리하며 더 큰 이유는 기름 등으로 볶거나 튀겨 식품을 익히는 조리 시 만들어지는 해로운 성분이 생성되는 것을 막는 데 있다.
가령 볶음 조리를 할 경우에도 식재료를 기름에 볶지 않는다. 기름은 열과 산소에 의해 산화가 자동적으로 진행되고 결국 해로운 물질 생성으로 이어지기 때문이다. 대신 육수(프리 & 콘트라바이오틱스 함유)를 넣어 볶음으로써 맛을 내고, 기름 사용은 올리브 오일, 들기름, 참기름 등을 먹기 직전에 뿌리거나 버무려 사용한다.
모든 콩류와 통곡물은 압력 가열 조리를 이용하여 익히고, 고추 등의 채소는 씨를 제거해 사용하여 렉틴 등으로 인한 장 불편감을 최소화하도록 노력한다.

"조화로운 마이크로바이옴 식이는
dysbiosis를 억제하고,
건강한 symbiosis 상태로의 복원을
가능하게 한다."

"The most important steps of
microbiome diet are two.
One is the right choice of food matters,
the other one is the proper cooking of them."

마이크로바이옴 식이를 이루는 가장 중요한 단계는 두 가지입니다.
하나는 식재료의 올바른 선택이고, 나머지 하나는
그 재료들을 알맞고 적절하게 조리하는 것입니다.

맛까지 더하는
육수와 채소수

육류(소뼈, 닭), 갑각류(새우)를 주재료로 우린 육수 및 채소수는 조화로운 마이크로바이옴 식이를 위해 기본으로 갖춰야 할 맛내기 재료다. 콘트라바이오틱스로 작용하는 다양한 향신 재료와 프로 & 포스트 바이오틱스인 애플 사이다 비니거를 넣어 만드는 것이 특징이며, 각종 소스와 수프, 국은 물론 조림, 볶음 등 거의 모든 요리에 활용할 수 있다. 소개하는 네 가지 육수는 한 번에 넉넉한 양을 만들어 소분해 냉동 보관해두고 사용하면 좋다. 대표적인 자연 발효 식초인 애플 사이다 비니거(사과초모식초)는 소스 만들기 파트를 참고해 직접 만들거나, 또는 시판 제품(초모 alive 등)을 사용할 수도 있다. 장내 마이크로바이옴 형성에 유익하지 않은 정제 소금과 인공감미료는 일절 사용하지 않고, 자연 미네랄 소금을 소량 사용해 소금 간을 했다.

Part **01**

뼈 육수

재료

소뼈(방목 사육우) 1 kg
향신 채소 (프리+콘트라)
셀러리 1대, 파스닙 1/2개,
파슬리 2줄기, 로즈메리 2줄기,
양파 1개, 마늘 6쪽, 말린
월계수 잎 3장
소금 1큰술
애플 사이다 비니거
2큰술 (프로+포스트)
화이트와인(또는 청주) 1컵,
물(재료들이 잠길 만큼 충분한 양)

준비

- 소뼈는 찬물에 1시간 정도 담가 핏물을 제거하고, 끓는 물에 3분 정도 데친 다음 건져 씻은 뒤 화이트와인(또는 청주)을 골고루 묻혀 10분 정도 둔다.
- 셀러리, 파스닙, 양파, 마늘은 깨끗이 씻어 큰 조각으로 자른다.

만들기

1. 커다란 솥에 와인 절임한 데친 뼈를 넣고, 모두 잠길 정도로 충분한 양의 물을 부어 끓을 때까지 강한 불에 가열하고, 끓으면 약한 불에 7~8시간 우려낸다.(중간중간 떠오르는 부산물을 걷어낸다.)
2. 우린 뼈 물을 찬 곳에 두어 떠오른 지방을 제거한 뒤 파슬리를 제외한 모든 향신 채소를 넣고, 뚜껑을 닫아 50분 정도 더 뭉근히 끓인다.
3. 파슬리를 넣어 3분 더 끓이고, 마지막에 소금과 애플 사이다 비니거를 넣고 불을 끈다.
4. 면포나 체로 뼈와 채소를 걸러내 얻은 육수를 내열 용기에 담아 식힌 뒤, 냉동 보관하며 사용한다.

채소수

재료

향신 채소 (프리+콘트라)
양파 1개, 우엉 1자루(또는 파스닙 1개), 셀러리 2대,
파슬리 4줄기,
마늘 4쪽, 타임 허브 2줄기,
말린 월계수 잎 2장, 잘라 말린 표고버섯 1컵
소금 1큰술, 통후추 1큰술,
레몬즙 1큰술 (프리+콘트라)
애플 사이다 비니거
1큰술 (프로+포스트)
물(재료들이 잠길 만큼 충분한 양)

준비

- 양파, 당근, 우엉, 셀러리, 마늘은 깨끗이 씻어 큰 조각으로 자른다.
- 레몬즙은 레몬을 직접 짜서 준비한다.

만들기

1. 큰 솥에 분량의 양파와 물을 조금 넣고 중불에서 양파 향을 날리며 1~2분 볶는다.
2. 잘라놓은 당근, 셀러리, 우엉(또는 파스닙)을 차례대로 넣은 다음 물을 첨가해 잠깐 볶는다.
3. 여기에 표고버섯, 마늘, 월계수 잎, 통후추를 더해 재료들이 모두 잠기도록 충분한 양의 물을 붓고 뚜껑을 닫은 상태로 약한 불에서 50분 정도 뭉근히 끓인다. 위에 떠오른 불순물을 제거하고, 파슬리와 타임을 넣고 3분간 더 끓인 뒤 마지막에 소금과 레몬즙, 애플 사이다 비니거를 첨가하고 불을 끈다.
4. 면포나 체로 걸러 액체만 내열 용기에 담아 식힌 다음 소분하여 냉동 보관하며 사용한다.

닭 육수

재료

닭 1마리(방목 사육 닭)
화이트와인 1/2 컵
소금 1큰술
향신 채소 프리+콘트라
양파 1개, 셀러리 2대, 샬롯 1개,
당근 1개, 파슬리 2줄기,
마늘 4쪽
애플 사이다 비니거
2큰술 프로+포스트
물(재료들이 잠길 만큼 충분한 양)

준비

- 닭은 크게 조각내어 껍질을 제거하고 끓는 물에 데친 다음 건져 씻는다. 화이트와인을 뿌려 30분간 와인 절임한다.
- 양파, 셀러리, 당근, 마늘, 샬롯은 큰 조각으로 자른다.

만들기

1 큰 솥에 데쳐 와인 절임한 닭이 충분히 잠길 정도의 물을 부어 뚜껑을 닫고 1시간 동안 육수를 우려낸다.

2 육수 위에 떠 있는 불순물을 제거한 뒤, 파슬리를 제외한 향신 채소를 넣고 뚜껑을 닫아 약한 불에서 50분 더 우려낸다.

3 파슬리를 넣고 3분 정도 더 끓이고, 마지막에 소금과 애플 사이다 비니거를 넣고 불을 끈다.

4 면포나 체에 육수만 걸러 소분해 냉동 보관하며 사용한다.(걸러낸 고기 중 살코기 부분만 분리해 쭉쭉 찢어 냉동 보관해두면 나중에 다른 요리에 사용할 수 있다.)

갑각류 육수

재료

말린 큰 새우 2컵(새우 껍질이나 게 껍데기로 대체 가능)

향신 채소 (프리+콘트라)
적양파 1/2개, 셀러리 2대, 양파 1/2개, 마늘 3쪽, 파슬리 1줄기, 생강 조금, 월계수 잎 2장, 소금 1/2큰술
애플 사이다 비니거 2큰술 (프로+포스트)
물(재료들이 잠길 만큼 충분한 양)

준비

- 새우를 마른 상태로 바삭해질 때까지 볶는다.
- 양파, 셀러리, 마늘은 큰 크기로 썬다.

만들기

1 큰 솥에 볶은 새우 껍질과 향신 채소(파슬리와 타임 제외)를 넣은 다음 모든 재료가 잠길 만큼 물을 충분히 붓고 뚜껑을 열고 물이 끓을 때까지 가열한다. 약한 불에서 뚜껑을 닫고 40분간 뭉근히 더 끓인다.

2 우린 육수 위에 떠 있는 불순물을 제거하고, 파슬리를 넣고 3분간 더 끓인다.

3 마지막에 소금과 애플 사이다 비니거를 첨가하고 불을 끈다.

4 면포나 체로 육수만 걸러 내열 용기에 담은 뒤 소분해 냉동 보관하며 사용한다.

마이크로바이옴 식이의
맛과 기능을 살려주는
드레싱 & 소스

드레싱과 소스는 '프로 & 포스트 바이오틱스 소스'와 '프리바이오틱스 소스' 그리고 '우리에게 가장 친근한 소스'로 분류해 소개했다. 이 소스들은 마이크로바이옴 식이의 맛과 기능을 살려주어 건강한 장 환경을 만드는 조력자다. 프로 & 포스트 바이오틱스 소스로는 비네그레트와 발효식품 이용 소스를 소개했으며, 대표적인 자연 발효 식초인 애플 사이다 비니거를 직접 만들어보고 이를 응용해 다양한 비네그레트(식초와 오일을 기본으로 한 샐러드 드레싱)까지 도전해볼 수 있다. 과일, 채소, 콩류를 주재료로 한 프리바이오틱스를 베이스로 한 소스도 마이크로바이옴 식이의 완성을 돕는데, 식이에 활용해 프로바이오틱스균의 성장과 기능을 활성화하는 효과를 볼 수 있기 때문이다. 일상의 식이에 친근하게 사용되는 토마토소스(일명 케첩)와 마요네즈 역시 유익한 마이크로바이옴 형성에 도움이 되는 재료와 조리 방법으로 직접 만들어 사용하면 좋다.

Part 02

애플사이다비니거

재료

사과 3개(유기농 추천)	프리
사탕수수 원당 5큰술	프리
물 2컵	

프로 & 포스트바이오틱스 소스
자연 발효 식초

만들기

1. 분량의 사과를 소다수로 깨끗이 씻은 뒤 0.5cm 두께로 슬라이스해 유리병의 80%까지 담는다.
2. 사탕수수 원당 녹인 물을 사과가 완전히 잠기도록 붓는다. 필요하면 원당 녹인 물을 더 만들어 부어 사과가 잠기도록 하고, 다듬어 버리는 사과 조각 등으로 눌러준다.
3. 유리병을 면포로 덮고 고무줄로 묶은 다음 직사광선이 닿지 않는 곳(상온)에 둔다.
4. 3주 뒤 열어서 위에 떠 있는 사과가 있으면 눌러주고, 사과 껍질로 위 표면을 덮어서 다시 3주 정도 어두운 곳에 둔다. 2~3일에 한 번씩 저어준다.
5. 3주 후 걸러 밀봉이 가능한 다른 유리병에 담고, 뚜껑을 닫는다. 냉장 보관하고 필요할 때마다 꺼내 사용한다.
6. 종균을 확보하려면 표면 효모(mother)와 애플 사이다 비니거 액을 조금 떠서 냉장 보관하면 되고, 나중에 애플 사이다 비니거 만들 때 사용하면 발효 시간을 단축할 수 있다.

TIP

- 애플 사이다 비니거는 대표적인 자연 발효식초이며, 사과 대신 파인애플, 매실, 포도를 이용해 같은 방법으로 자연 발효식초를 얻을 수 있으며, 이들 자연 발효식초를 사용해 비네그레트를 만든다.
- 비네그레트Vinaigrette란?
  식초와 오일을 기본으로 하는 샐러드 드레싱이다. 보통 소금과 후추를 첨가하고, 다양한 향미 재료(허브, 샬롯, 양파, 과일 등)를 함께 넣기도 한다. 식초 대신 레몬즙을 넣기도 한다. 모든 재료를 잘 섞어 바로 이용한다.

코코넛요거트
히카마드레싱

애플사이다비니거
비네그레트

된장허브소스

코리안 비네그레트

간장초소스

케피어드레싱

애플사이다비니거 비네그레트

- **프로 & 포스트바이오틱스 소스**
  자연 발효 식초 비네그레트

재료

식초(애플 사이다 비니거, 레시피 p.55 참조) 2큰술	프로+포스트
올리브유(엑스트라 버진) 2큰술, 소금 1/2작은술	
후추(통후추 갈아서 사용) 1/2작은술	콘트라

만들기
모든 재료가 잘 섞이도록 거품기 등으로 휘젓는다. 신선한 비네그레트를 즐기려면 필요할 때마다 만드는 것이 가장 좋다.

TIP
- 애플 사이다 비니거 대신 와인식초를 사용해 와인식초 비네그레트를 만들거나, 매실식초를 사용하면 매실식초 비네그레트를 만들 수 있다.
- 후추는 통후추를 사용 전에 바로 갈아 사용한다.

메이플시럽 비네그레트

- **프로 & 포스트바이오틱스 소스**
  자연 발효 식초 비네그레트

만들기
위 애플 사이다 비니거 비네그레트에 메이플 시럽(1큰술), 생강즙(1/4작은술)을 첨가해 섞어 만든다.

코리안 비네그레트

- **프로 & 포스트바이오틱스 소스**
  자연 발효 식초 비네그레트

만들기
비네그레트 제조 시 올리브유 대신 참기름을 넣어 만든다.

TIP
소금 대신 맛간장(레시피 p.61 참조)을 1~2작은술 넣어 간장 비네그레트를 만들어 사용해도 좋다.

코코넛요거트 히카마드레싱

● 프로 & 포스트바이오틱스 소스
발효식품 이용 소스

재료

코코넛 밀크 요거트(레시피 p.145 참조) 1/2컵	프로+포스트
양파 1/3개	프리+콘트라
히카마 50g	프리
시나몬 가루 1/4작은술	콘트라
물 1/2컵, 소금 1/2작은술, 올리브유(엑스트라 버진) 1큰술	

준비

양파와 히카마는 조각내듯 작게 썬다.

만들기

1. 분량의 물에 손질한 양파, 히카마, 소금을 넣고 끓여 익힌 뒤 블렌더에 넣고 곱게 갈아 체에 거른다.
2. 코코넛 밀크 요거트를 추가해 잘 섞는다.
3. 시나몬 가루를 뿌린다.(올리브유는 먹기 직전 뿌린다.)

케피어드레싱

● 프로 & 포스트바이오틱스 소스
발효식품 이용 소스

재료

케피어(kefir, 레시피 p.143 참조) 1/2컵	프로+포스트
레몬 껍질 1/3작은술, 라임 껍질 1/3작은술, 레몬즙 1큰술	프리+콘트라
소금 1/2작은술	
후추(통후추를 갈아 사용) 1/2작은술	콘트라

준비

- 레몬은 즙을 낸다.
- 레몬과 라임 껍질은 잘게 다진다.

만들기

분량의 케피어, 다진 레몬·라임 껍질과 레몬즙, 소금과 후춧가루를 볼에 넣고 골고루 섞는다.

된장허브소스

- **프로 & 포스트바이오틱스 소스**
  발효식품 이용 소스

만들기

된장(1큰술), 다진 마늘 1/2큰술, 파슬리가루(2작은술), 강황가루(1/2작은술), 고수씨가루(1/2작은술), 큐민가루(1/2작은술), 파프리카가루(1/2작은술), 생강가루(1/2작은술), 고춧가루(1/2작은술)를 섞어 만든다.

간장초소스

- **프로 & 포스트바이오틱스 소스**
  발효식품 이용 소스

만들기

맛간장(3큰술, 레시피 p.61 참조), 슬라이스한 청·홍고추(4~5개), 다진 마늘(1큰술), 애플 사이다 비니거(2큰술)를 섞어 만든다.

맛간장

- 프로 & 포스트바이오틱스 소스
발효식품 이용 소스

재료

양조간장(100% 발효간장) 2L	포스트
채소조림 재료 생강 10g, 양파 150g, 마늘 30g, 통후추 1큰술	프리+콘트라
사탕수수 원당 200g	프리
물 2컵, 정종 1컵, 맛술 1컵	
레몬, 사과 각 1개씩	프리+콘트라

준비

- 물에 분량의 생강, 양파, 마늘, 통후추를 넣고 약한 불에서 1컵 분량이 될 때까지 졸여 야채조림 물을 만든다.
- 레몬과 사과는 얇게 저민다.

만들기

1. 간장에 야채조림 물 1컵과 사탕수수 원당을 큰 냄비에 함께 넣고 센 불에서 끓인다.
2. 맛술과 정종을 넣고 한 번 더 끓인 다음 불을 끈다.
3. 끓인 간장 위에 얇게 슬라이스한 사과와 레몬을 띄우고 뚜껑을 닫은 채로 직사광선이 닿지 않는 시원한 곳에 둔다.
4. 24시간이 지나면 체로 과일 조각을 비롯한 건더기를 걸러내고, 완성된 맛간장은 유리병에 소분해 냉장 보관한다.

그린빈아티초크 퓌레

- 프리바이오틱스 소스

재료

청대콩 1/2컵, 아티초크(속 육질) 50g, 시금치 50g	프리
영양 효모 1작은술	포스트
대파 1/2대, 마늘 1~2쪽, 레몬즙 2작은술	프리+콘트라
후추(통후추 갈아서 사용) 1/2작은술	콘트라
채소수(레시피 p.49 참조) 1¼컵, 올리브유(엑스트라 버진) 1큰술	

준비
- 콩은 압력밥솥에서 익힌 뒤 껍질을 제거한다.
- 대파는 뿌리를 제거하고 후추는 통후추를 갈아둔다.
- 아티초크와 시금치는 끓는 물에 데친다.

만들기
1. 손질한 콩, 파, 마늘, 레몬즙, 후추와 채소수 1컵을 넣어 블렌더에 간다. 분쇄할 때 너무 되직하면 채소수를 1스푼씩 첨가하면서 걸쭉하게 만든다.
2. 여기에 데친 아티초크와 시금치를 넣고 다시 간다. 그런 다음 영양 효모를 넣고 섞는다. 먹기 직전 올리브유를 살짝 뿌린다.

검은콩소스

- 프리바이오틱스 소스

재료

검은콩 1/2컵, 토마토 1/2개	프리
마늘 2쪽, 볶은 참깨 3큰술, 고수씨 1/2작은술	콘트라
채소수(레시피 p.49 참조) 1/2컵, 된장 1큰술, 영양 효모 1작은술	포스트

준비
- 검은콩은 물에 불려 압력밥솥에서 익히고 토마토는 데쳐 씨와 껍질을 제거한다.
- 마늘은 잘게 다진다.

만들기
1. 분량의 채소수에 씨앗을 제외한 모든 재료를 넣고 5분 정도 끓인 다음 블렌더에 넣고 갈아 되직하게 만든다.
2. 씨앗을 넣고 약불에 뭉근히 끓이면서 채소수로 원하는 농도를 만든다.

TIP
검은콩 소스를 음식과 곁들일 때는 살짝 데워 따뜻한 상태를 유지하는 것이 좋다.

병아리콩소스

- 프리바이오틱스 소스

재료

병아리콩 1/2컵	프리
마늘 2쪽, 레몬 1개	프리+콘트라
애플 사이다 비니거 1큰술	프로+포스트
볶은 참깨 3큰술, 큐민씨 1큰술	콘트라
소금 1작은술, 올리브유(엑스트라 버진) 2큰술	

준비

- 병아리콩은 물에 6시간 정도 불린 다음 껍질을 제거하고 압력밥솥에서 익힌다.
- 마늘은 다지고, 레몬은 즙을 낸다.

만들기

1. 레몬즙, 애플 사이다 비니거, 볶은 참깨, 큐민씨를 블렌더에 넣고 간다.
2. 병아리콩, 마늘, 소금을 첨가한 다음 곱게 으깬다.
3. 올리브유는 먹기 직전에 섞는다.

노란 파프리카 퓌레

- 프리바이오틱스 소스

재료

노란 파프리카 2개, 당근 1/3개, 적양파 1/2개, 마늘 2쪽	프리+콘트라
삭힘고추(레시피 p.131 참조) 2개	프리+프로+콘트라+포스트
강황가루 1/2작은술	콘트라
채소수(레시피 p.49 참조) 1컵, 소금 1/2작은술, 올리브유(엑스트라 버진) 1큰술	

준비

- 노란 파프리카, 당근, 양파는 얇게 썬다.
- 마늘은 입자가 보이도록 다지고, 삭힘고추는 꼭지와 씨를 제거해 다진다.

만들기

1. 팬에 양파와 마늘을 넣고 채소수 1/3컵을 부어 중불에서 2~3분 볶는다.
2. 파프리카, 당근, 나머지 채소수를 넣은 뒤 약한 불에서 5분간 더 끓인다.
3. 강황가루, 소금을 추가해 블렌더로 갈고, 삭힘고추를 넣어 섞는다.
4. 올리브유는 먹기 직전에 뿌린다.

당근비트소스

- 프리바이오틱스 소스

재료

양파 1/3개, 마늘 2쪽, 비트(작은 크기) 1/2개, 당근(중간 크기) 1/3개	프리+콘트라
뼈 육수(레시피 p.48 참조) 1½컵, 소금 1작은술	
애플 사이다 비니거 2작은술	프로+포스트
올리브유(엑스트라 버진) 1큰술(아보카도 오일로 대체 가능)	
타임 허브 1/3작은술	콘트라

준비
- 양파, 비트, 당근은 조각내듯 잘게 썬다.
- 마늘과 타임은 잘게 다진다.

만들기
1. 팬에 잘게 썬 양파와 다진 마늘을 넣고 뼈 육수 1/2을 넣어 중불에서 3분간 볶으면서 향을 날려 보낸다.
2. 비트와 당근, 나머지 뼈 육수를 모두 넣고 채소가 뭉그러질 때까지 10분 정도 약한 불에서 끓인다. 마지막 단계에서 분량의 소금을 넣는다.
3. 블렌더에 넣고 곱게 갈아 퓌레(걸쭉하게 으깨진 상태)를 만든다.
4. 마지막으로 다진 타임과 애플 사이다 비니거를 추가한다. 올리브유는 먹기 직전에 넣어 섞는 것이 좋다.

체리소스

- 프리바이오틱스 소스

재료

양파 1/6개, 마늘 1쪽, 메이플시럽 1/4컵	프리+콘트라
체리 1컵(크랜베리로 대체 가능)	프리
애플 사이다 비니거 2작은술	프로+포스트
물 1컵, 소금 1작은술, 올리브유(엑스트라 버진) 2큰술	

준비
양파와 마늘은 다지고, 체리는 씨를 제거한다.

만들기
1. 팬에 다진 양파와 마늘, 물(1/2컵)을 넣고 중불에서 1~2분쯤 볶는다.
2. 체리와 시럽을 넣고, 나머지 물 1/2컵을 마저 부어 약한 불에서 10분쯤 더 끓인다.
3. 충분히 식혀 애플 사이다 비니거와 소금을 넣고 블렌더로 섞는다.
4. 올리브유는 먹기 직전에 섞는다.

안초비코코넛 드레싱

• 프리바이오틱스 소스

재료

코코넛 오일 1큰술, 코코넛 밀크(레시피 p.157 참조) 1/4컵	프리
저장 레몬즙(레시피 p.135 참조) 1큰술	프로+포스트+콘트라
마늘 2쪽	프리+콘트라
절인 안초비 2마리	포스트

준비
마늘은 찐다.

만들기
1 코코넛 오일, 코코넛 밀크, 저장 레몬즙, 마늘, 안초비를 블렌더에 넣고 곱게 간다. 이때 농도가 너무 되직하면 물을 조금씩 넣으면서 원하는 농도를 맞춘다.
2 올리브유는 먹기 직전 뿌린다.
3 냉장 보관하되, 만약 굳어 있으면 사용 전 살짝 데운다.

TIP
마늘 대신 생강을 써도 무방하다.

아몬드소스

• 프리바이오틱스 소스

재료

아몬드 1/2컵, 캐슈너트 1/3컵, 셀러리씨 1/2작은술	프리+콘트라
마늘가루 1작은술, 바질가루 1작은술, 파슬리가루 1작은술	프리+콘트라
파프리카가루 1작은술, 강황가루 1작은술	프리+콘트라
영양 효모 1큰술	포스트
채소수(레시피 p.49 참조) 1/2컵	

만들기
모든 재료를 블렌더에 넣어 갈고, 된 정도는 채소수로 맞춘다.

양파오이 아보카도크림

• 프리바이오틱스 소스

재료

아보카도 2개, 오이 1/2개	프리
적양파 1/4개, 마늘 1쪽, 라임 1/2개	프리+콘트라
애플 사이다 비니거 1큰술	프로+포스트
소금 1작은술, 올리브유(엑스트라 버진) 1큰술	

준비
- 아보카도는 씨를 제거한 뒤 과육 부분을 으깬다.
- 오이는 씨 부분을 제거한 뒤 다진다.
- 적양파, 마늘은 잘게 다진다.
- 라임은 즙을 낸다.

만들기
으깬 아보카도, 다진 오이, 다진 적양파, 다진 마늘, 라임즙, 애플 사이다 비니거, 소금을 한 그릇에 넣고 섞어 꾸덕꾸덕한 아보카도 크림을 만든다.

오렌지아보카도 드레싱

• 프리바이오틱스 소스

재료

아보카도 1개, 오렌지 1/3개	프리+콘트라
채소수(레시피 p.49 참조) 1큰술	
애플 사이다 비니거 1/2큰술	프로+포스트
소금 1/2작은술, 올리브유(엑스트라 버진) 1큰술	

준비
- 아보카도는 씨와 껍질을 제거한다.
- 오렌지는 즙을 낸다.

만들기
1 분량의 아보카도, 채소수, 오렌지즙, 애플 사이다 비니거, 생강가루, 소금을 블렌더에 넣고 간다.
2 매번 바로바로 만들어 사용한다. 올리브유는 먹기 직전에 뿌린다.

토마토소스

Popular Sauce

재료

토마토 페이스트(레시피 p.69 참조) 2컵	프리+포스트
생메이플시럽 1/2컵	프리+콘트라
마늘 3쪽, 양파 1/4개, 레몬 1개	프리+콘트라
애플 사이다 비니거 1큰술	프로+포스트
갑각류 육수(레시피 p.51 참조) 1/3컵, 소금 1작은술 올리브유(엑스트라 버진) 2큰술(아보카도오일로 대체 가능)	

준비
마늘과 양파는 잘게 다지고, 레몬은 즙을 낸다.

만들기
1 팬에 다진 양파, 다진 마늘, 육수를 넣고 2~3분 볶은 뒤 블렌더로 간다.
2 남은 재료를 모두 넣고 잘 섞으며 약불에서 10분간 저으면서 졸인다.
3 올리브유는 먹기 직전에 넣어 섞는다.

토마토페이스트

재료

완숙 토마토 5개	프리
채소수(레시피 p.49 참조) 1컵, 소금 1작은술	
레드와인 비니거 1큰술(애플 사이다 비니거로 대체 가능)	프로+포스트

준비
완숙 토마토는 데쳐서 껍질을 제거한다.

만들기
1 냄비에 껍질 벗긴 토마토, 채소수, 소금을 넣고 으깬다.
2 10분 정도 끓여 걸쭉해지면 중간 불에서 3분, 다시 약한 불에서 5분 끓인다.
3 마지막에 레드와인 비니거를 넣고 골고루 섞는다.

홀푸드마요네즈

- Popular Sauce

재료

달걀노른자 4개 (방목 달걀 추천)	
레몬 1개	프리+콘트라
애플 사이다 비니거 1/4컵	프로+포스트
소금 1/2작은술, 올리브유(엑스트라 버진) 1컵	

준비

- 달걀노른자를 따로 분리한다.
- 레몬은 즙을 낸다.

만들기

1. 올리브유를 제외한 모든 재료를 블렌더에 넣고 섞는다.
2. 올리브유를 천천히 부어가며 다시 블렌딩해 부드러운 크림 상태가 되도록 한다.

TIP

필요할 때 바로 만들어 사용하는 것이 좋다.

비건마요

- Popular Sauce

재료

아몬드 1/2컵	프리
물 1/2~3/4컵, 소금 2작은술, 아마씨유 1컵 (올리브유로 대체 가능)	
애플 사이다 비니거 1작은술	프로+포스트
레몬 1개, 마늘가루 1/4작은술	프리+콘트라

준비

레몬은 즙을 낸다.

만들기

1. 아몬드와 물 1/2컵, 소금을 넣고 블렌더로 먼저 곱게 갈아놓는다. 이때 너무 되직하면 물을 1큰술씩 넣어가며 원하는 농도를 맞춘다.
2. 분량의 아마씨유, 애플 사이다 비니거, 레몬즙, 마늘가루를 마저 넣고 다시 섞는다.

TIP

필요할 때 바로 만들어 사용하는 것이 좋다.

파이토케미컬
마이크로바이옴 샐러드

프리바이오틱스는 프로바이오틱스를 잘 자라게 해 장내에서 오래 생존하게 하는 역할을 하는데 대부분의 과일, 채소가 프리바이오틱스 식품이며 일부 콩류, 견과류도 포함된다. 특히 채소와 과일류는 비타민, 미네랄과 함께 다양한 기능성 물질phytochemical을 풍부하게 함유하고 있다. 파이토케미컬은 파이토(식물성, phyto)와 케미컬(화학물질, chemical)의 합성어로 '식물에 함유된 생리활성기능물질'을 의미한다. 면역기능 증강 및 항산화 작용으로 각종 질병 예방은 물론 노화 방지에도 효과가 있어, 건강 유지를 위해 중요한 성분으로 주목받는다. 채소와 과일 색에 따른 특유의 유익 성분이 바로 파이토케미컬이다. 초록 채소(클로로필), 주홍 및 노란 채소(카로티노이드), 빨강 & 보라 채소(안토시아닌), 흰 채소(안토크산틴) 등 각각이 지닌 생리활성기능을 확인하며 맛과 향 또한 즐기기 바란다. 이번 파트에서는 신선한 채소 그대로 혹은 스팀으로 찌거나 삶는 등 다양한 조리 방법과 색으로 즐기는 샐러드 식이를 소개했다.

Part 03

당근누들샐러드

재료

당근 2개, 토마토 2개, 주황색 렌틸콩 1/2컵	프리
어린 시금치 1큰술(생바질 잎으로 대체 가능)	프리
올리브유(엑스트라 버진) 2큰술, 소금 1/2작은술	
아몬드 소스(레시피 p.66 참조) 1/2컵	프리+프로+ 콘트라+포스트

준비

- 당근은 채칼을 이용해 국수 모양으로 길게 잘라 당근 누들을 만든다.
- 토마토는 살짝 데쳐 껍질을 벗긴 다음 세로로 8등분한다.
- 렌틸콩은 압력솥에 익힌 뒤, 겉껍질을 벗겨 주황색 속 부분을 이용한다.

만들기

1. 당근 누들을 스팀으로 5분간 찐다.
2. 익힌 당근 누들을 렌틸콩과 섞고 소금과 올리브유를 넣어 버무린다.
3. 아몬드 소스로 다시 한번 버무린 뒤 토마토와 시금치(또는 바질)를 곁들여 접시에 담는다.

파프리카샐러드

재료

노란 파프리카 1/2개, 주황 파프리카 1/2개, 빨간 파프리카 1/2개, 천도복숭아 1/2개, 호박씨 20개	프리+콘트라
완숙 토마토 1/2개	프리
달걀(방목 달걀) 2개	
노란 파프리카 퓌레(레시피 p.64 참조) 1/2컵	프리+프로+콘트라+포스트

준비
- 세 가지 파프리카와 복숭아는 먹기 좋은 크기로 자른다.
- 완숙 토마토는 데친 뒤 껍질을 제거하고 천도복숭아 크기로 자른다.
- 달걀은 삶아서 껍질을 제거한 뒤 길게 4등분한다.

만들기
1. 접시에 파프리카, 복숭아, 토마토, 달걀을 보기 좋게 담는다.
2. 호박씨를 뿌리고 소스(노란 파프리카 퓌레)를 곁들인다.

단호박샐러드

재료

단호박 1개, 곶감 2개, 새싹채소 1/2컵	프리+콘트라
아보카도 1개, 애플 사이다 비니거 1작은술, 소금 1/2작은술	프리+프로+포스트
적양파·셀러리 다진 것 1/3작은술씩	프리+콘트라
올리브유(엑스트라 버진) 2큰술	

준비

- 단호박은 깨끗이 씻어 껍질째 길게 8등분하여 속을 파내고 스팀으로 익힌 후 다시 가로로 반 자른다.
- 곶감은 조각으로 썬다.
- 아보카도 속 육질 부분과 애플 사이다 비니거, 소금을 섞어 으깬다.

만들기

1. 접시 아래 새싹채소를 깔고 호박과 곶감을 보기 좋게 얹는다.
2. 으깬 아보카도 소스에 잘게 썬 적양파, 다진 셀러리를 넣어 곁들이고, 먹기 직전 올리브유를 뿌린다.

아스파라거스 샐러드

재료

초록 아스파라거스 6개, 흰 아스파라거스 6개, 당근 1개, 오렌지 껍질 1/2작은술(장식용)	프리+콘트라
올리브유(엑스트라 버진) 2큰술, 소금 1/2 작은술	
오렌지 아보카도 드레싱(레시피 p.67 참조) 1/2컵	프리+프로+콘트라+포스트
후추 1/2작은술	콘트라

준비
- 당근은 아스파라거스 두께와 길이에 맞춰 자른다.
- 당근과 아스파라거스는 스팀으로 5분간 익힌다.
- 오렌지는 베이킹소다로 문질러 씻은 뒤 껍질만 얇고 짧게 저민다.

만들기
1. 스팀으로 익힌 채소들을 팬에 겉면만 살짝 구운 후, 소금과 올리브유를 넣고 버무린다.
2. 접시에 담고 저민 오렌지 껍질과 후춧가루를 뿌리고, 오렌지 아보카도 드레싱과 같이 낸다.

시금치오이샐러드

재료

베이비 시금치 1/2컵, 오이 1개	프리
래디시 3개, 석류 알갱이 1큰술	프리+콘트라
애플 사이다 비니거 비네그레트 (레피시 p.57 참조) 1/3컵	프리+프로+콘트라+포스트

준비
- 오이는 1cm 두께로 썬다.
- 시금치는 먹기 좋은 크기로 썬다.
- 래디시는 얇게 썬다.

만들기
시금치, 오이, 래디시를 먹기 직전 비네그레트에 버무리고 석류를 뿌려 완성한다.

애호박누들샐러드

재료

애호박 1/2개, 아스파라거스(가는 것) 10개	프리
닭 가슴살 50g, 피스타치오 1큰술	
양파오이 아보카도 크림(레시피 p.67 참조) 1/2컵	프리+프로+콘트라+포스트
올리브유(엑스트라 버진) 2큰술, 소금 및 백후추 1/2작은술씩	
타임 허브 1/2작은술	프리+콘트라

준비

- 애호박은 겉부분 위주로 채칼을 이용해 길게 채 썰어 누들처럼 만든다.
- 가는 아스파라거스는 세로로 길게 2등분한다.
- 닭 가슴살은 스팀으로 익힌 다음 쪽쪽 찢는다.
- 피스타치오는 딱딱한 껍질을 제거한다.

만들기

1. 애호박 누들과 아스파라거스는 스팀으로 3~5분간 찐 뒤 소금, 후추, 올리브유를 넣어 골고루 버무린다.
2. 애호박 누들, 아스파라거스, 닭고기를 그릇에 담고 아보카도 소스를 얹는다. 마무리로 피스타치오와 타임으로 장식한다.

구운 방울양배추

재료

방울양배추 25개, 샬롯 2개, 파스닙 2~3조각(샬롯 크기)	프리+콘트라
피스타치오 1작은술	프리+콘트라
체리 소스(레시피 p.65 참조) 2큰술, 안초비 코코넛 드레싱(레시피 p.66 참조) 1/2컵	프리+프로+ 콘트라+포스트

준비

- 방울양배추와 샬롯은 스팀으로 살짝 익힌 뒤 반으로 자른다. 파스닙도 스팀으로 같이 익힌다.
- 피스타치오의 딱딱한 껍질은 제거하고 조각을 낸다.

만들기

1. 익힌 방울양배추, 샬롯, 파스닙을 불에 달군 팬에 겉면만 재빠르게 구워낸다.
2. ①의 채소를 접시에 올리고 드레싱을 곁들인다.
   피스타치오는 안초비 코코넛 드레싱 위에 뿌려 낸다.

TIP

안초비 코코넛 드레싱과 구운 양배추를 먹을 때에는 올리브유를 같이 곁들이면 풍미가 더 좋아진다.

콜리플라워 스테이크

재료

콜리플라워 1자루	프리+콘트라
당근비트 소스(레시피 p.65 참조) 1/2컵, 그린빈 아티초크 퓌레(레시피 p.63 참조) 1/2컵	프리+프로+ 콘트라+포스트
로즈메리 3줄기	프리+콘트라
올리브유(엑스트라 버진) 2큰술, 통후추 1작은술	

준비

콜리플라워를 0.7cm 두께의 부채 모양으로 자른 후 스팀으로 10분간 찐다. 그런 다음 달군 팬에 양면을 겉만 살짝 굽는다.

만들기

1. 로즈메리를 올리브유(1큰술)에 버무려 팬에 깔고, 그 위에 구운 콜리플라워를 얹어 후추를 뿌린다.
2. 준비한 소스를 곁들이고, 먹기 직전 올리브유(1큰술)를 살짝 뿌린다.

표고연근샌드위치

재료

연근 1/2뿌리, 표고버섯 5개	프리
샌드위치 속 재료 양파 1/2개, 소금 1/2작은술, 영양 효모 1작은술, 깻잎 10장, 익힌 병아리콩 1큰술, 들기름 2큰술, 물 1큰술	프리+포스트+콘트라
병아리콩 소스(레시피 p.64 참조) 1/2컵	프리+프로+포스트+콘트라

준비

- 연근은 껍질을 벗겨 0.5mm 두께로 썰어 식촛물에 5분 담갔다가 헹구고, 표고는 꼭지를 제거한다. 연근과 표고를 함께 스팀으로 익힌 다음 달군 팬에 겉면만 살짝 굽는다.
- 양파는 다지고, 깻잎은 두껍게 채 썬다.
- 병아리콩은 물에 불려 압력 가열 조리로 익힌 후 껍질을 제거한다.

만들기

1. 다진 양파를 물로 살짝 볶은 후 불을 끄고, 채 친 깻잎, 소금, 영양 효모, 들기름, 병아리콩, 병아리콩 소스를 넣고 섞어 샌드위치 속을 만든다.
2. 구운 표고버섯에 샌드위치 속을 채우고 위에 구운 연근을 얹어 완성한다.

콜라비샐러드

재료

펜넬 뿌리 1개, 콜라비 1/2개	프리
호두 2알	
레몬 1/3개	프리+콘트라
메이플 시럽 비네그레트(레시피 p.57 참조) 2큰술	프리+프로+콘트라+포스트

준비
- 펜넬 뿌리와 콜라비는 5~6cm 길이로 굵게 채 썬다.
- 호두는 먹기 좋은 크기로 쪼갠다.
- 레몬은 얇게 슬라이스한다.

만들기
1 펜넬과 콜라비에 메이플시럽 비네그레트를 넣어 골고루 버무린다.
2 레몬과 함께 접시에 담고 조각낸 호두를 뿌려 완성한다.

양상추콩샐러드

재료

양상추 1/4통(프릴 아이스로 대체 가능)	프리
래디시 2개	프리+콘트라
청대콩(또는 완두콩), 강낭콩, 제비콩, 호랑이콩 각 1큰술씩	프리
애플 사이다 비니거 비네그레트 드레싱(레시피 p.57 참조) 3큰술	프로+포스트+콘트라

준비
- 양상추는 먹기 좋게 손으로 적당히 찢는다.
- 래디시는 얇게 슬라이스한다.
- 콩은 모두 압력솥에 익힌다.

만들기
1 손질한 양상추와 래디시, 익힌 콩을 큰 접시에 보기 좋게 담는다.
2 그 위에 비네그레트 드레싱을 뿌려 먹는다.

TIP
콩류를 익힐 때는 씻은 쌀 위에 콩을 얹어 압력 가열로 밥을 지으면서 익히면 용이하다.

안토시아닌샐러드

재료

사과 1/2개, 자색 고구마 1개, 크랜베리 12개, 블루베리 10개, 석류 알갱이 1큰술	프리+콘트라
케피어 드레싱(레시피 p.58 참조) 1/2컵	프리+프로+콘트라+포스트

준비
- 자색 고구마는 스팀으로 익힌 다음 깍둑썰기 한다.
- 사과는 씨 부분을 제거한 뒤 깍둑썰기 한다.

만들기
모든 재료를 접시에 잘 담고 드레싱을 곁들인다.

TIP
- 케피어 드레싱 대신 즉석 마요네즈(레시피 p.70 참조)를 사용해도 된다.
- 자색 고구마 대신 자색 감자를 써도 된다.

몸도 마음도 편안한
힐링 수프

장 환경의 균형성을 잃은 디스바이오시스 상태가 되면 소화기를 비롯해 면역 조절, 대사 기능에 이상이 생기고, 불안장애나 우울증, 조울증 같은 정신 건강 문제까지 초래할 수 있어 마이크로바이옴에 긍정적 영향을 주는 재료를 꾸준히 섭취하는 식습관으로 디스바이오시스가 되지 않도록 노력하는 것은 중요한 일이다.

바쁜 일상에서 마이크로바이옴 균형을 위해 손쉽게 챙겨 먹을 수 있는 음식 중 하나가 수프다. 다양한 채소를 익혀 걸쭉한 농도로 갈아 만드는 조리 방법은 간단하지만, 파이토케미컬이나 프리바이오틱스가 풍부한 채소들이 장내 프로바이오틱스를 활성화하고 유지하는 역할을 해 면역, 대사, 정신적 기능에 도움을 줄 수 있기 때문이다. 물리적으로도 소화가 쉬우며, 부드럽고 따끈한 한 그릇에서 오는 정서적 안정감을 얻을 수 있다.

책에 소개하는 레시피는 각종 콘트라바이오틱스가 되는 향신 재료가 들어간 기본 육수 네 가지(뼈 육수, 닭 육수, 채소수, 갑각류 육수)를 이용하는 방법으로, 간편하게 만들면서 한층 깊은 풍미로 완성할 수 있다. 콜드 수프를 제외한 모든 수프는 육수로 익힌 채소에 우유를 첨가하는데, 일반 우유에 불편감을 느끼는 사람은 a2 우유(자연 목초를 먹여 키우는 저지소 종에서 짠 우유)나 100% 산양유를 사용하거나 두유, 코코넛 밀크, 아몬드 밀크 등으로 대체 사용을 권장한다.

Part 04

대파수프

재료

대파 2대, 콜리플라워(작은 송이) 3개, 마늘 2쪽, 딜 허브 약간	프리+콘트라
뼈 육수(레시피 p.48 참조) 1½~2컵, 소금 1/2작은술	
후추(통후추 간 것) 1/2작은술	콘트라
우유 1/3컵(a2 우유 또는 산양유, 코코넛 밀크로 대체 가능)	프리
파르미지아노 레지아노 치즈 약간	포스트
올리브유(엑스트라 버진) 1큰술	

준비

- 대파, 콜리플라워, 마늘은 잘게 썬다.
- 후추는 통후추를 갈아 사용한다.
- 치즈는 강판에 갈아 준비한다.

만들기

1. 냄비에 야채와 육수를 넣고 약한 불에서 가끔 저어가며 10분간 익힌다.
2. 소금과 우유를 넣고 한 번 살짝 끓인 후 블렌더로 갈아 수프 형태로 만든다.
3. 딜과 갈아놓은 치즈로 토핑하고, 먹기 직전 후춧가루와 올리브유를 뿌린다.

TIP
우유 대신 코코넛 밀크를 사용해도 된다.

비트수프

재료

비트 1/4개(50g), 당근 1/4개, 연근 30g, 샬롯 2개	프리+콘트라
채소수(레시피 p.49 참조) 1½~2컵, 소금 1/2작은술	
영양 효모 1작은술	포스트
우유 1/3컵(a2 우유 또는 산양유, 코코넛 밀크로 대체 가능))	프리
파슬리 잎 1작은술	프리+콘트라
올리브유(엑스트라 버진) 1큰술	

준비

비트, 당근, 연근, 샬롯은 잘게 조각 썰기 한다.

만들기

1. 채소수(1/3컵)에 샬롯을 넣고 약한 불에서 볶듯이 향을 날린다.
2. 잘게 조각낸 비트, 당근, 연근과 남은 채소수를 넣고 약한 불에서 15분간 뚜껑을 닫은 채 뭉근하게 익힌다. 바닥이 눌어붙지 않도록 가끔 저어준다.
3. 마지막으로 소금과 영양 효모를 넣고, 우유를 넣어 한 번 더 살짝 끓인다.
4. 블렌더에 넣어 수프 형태로 간다.
5. 파슬리 잎을 토핑하고, 먹기 직전 올리브유를 살짝 뿌린다.

TIP
- 우유 대신 코코넛 밀크를 사용해도 된다.
- 영양 효모(nutritional yeast)는 건전한 영양 배지에서 효모(주로 *Saccharomyces cerevisiae*)를 발효시켜 다양한 발효 생산물을 함유한 상태로 분말화한 것으로, 조리 시 소량만 사용한다.

브로콜리감자수프

재료

감자 1개, 브로콜리 6송이(작은 송이), 양파 1/3개	프리+콘트라
닭 육수(레시피 p.50 참조) 1½~2컵	
우유 1/3컵(a2 우유 또는 산양유, 코코넛 밀크로 대체 가능)	프리
영양 효모 1작은술	포스트
소금 1/2작은술, 올리브유(엑스트라 버진) 1큰술	

준비

감자, 브로콜리, 양파는 잘게 조각 썰기 한다.

만들기

1. 냄비에 조각낸 양파와 닭 육수를 조금 넣고 약한 불에서 2~3분 볶아 향을 날린다.
2. 감자와 나머지 닭 육수를 넣고 뚜껑을 닫은 채 약한 불에서 5분간 익힌다. 이후 브로콜리를 넣어 5분간 더 뭉근히 익힌다. 이때 가끔씩 젓는다.
3. 브로콜리 한 조각을 빼내고, 소금과 우유를 넣어 블렌더로 곱게 간 뒤 영양 효모를 넣고 잘 젓는다.
4. 브로콜리 조각을 위에 올리고, 먹기 직전 올리브유를 뿌린다.

TIP
우유 대신 코코넛 밀크를 사용해도 된다.

호박고구마수프

재료

재료	구분
호박고구마 1개(단호박으로 대체 가능), 양파 1/3개, 청대콩·강낭콩 1큰술씩	프리+콘트라
채소수(레시피 p.49 참조) 1~1½컵	
우유 1/3컵(a2 우유 또는 산양유, 코코넛 밀크로 대체 가능)	프리
영양 효모 1작은술, 시나몬가루 1작은술	포스트+콘트라
소금 1/2작은술, 올리브유(엑스트라 버진) 1큰술	

준비

- 호박고구마, 양파는 잘게 조각 썰기 한다.
- 청대콩과 강낭콩은 압력 가열로 익힌다.

만들기

1. 냄비에 조각낸 양파와 채소수를 조금 넣고 약한 불에서 2~3분 정도 끓여 향을 날린다.
2. 고구마와 나머지 채소수를 넣고 10~15분간 가끔 저으며 뚜껑을 닫은 채로 익힌다.
3. 분량의 소금과 우유를 넣고 한 번 더 살짝 끓여 블렌더에 넣어 수프 형태로 갈고, 여기에 영양 효모와 익힌 콩을 넣고 섞는다.
4. 시나몬가루로 토핑한 뒤 먹기 직전 올리브유를 살짝 뿌린다.

TIP
우유 대신 코코넛 밀크를 사용해도 된다.

더덕수프

재료

재료	구분
더덕 4뿌리, 양파 1/3개	프리+콘트라
식은밥 1큰술, 잣 1작은술	프리
채소수(레시피 p.49 참조) 1~1½컵	
우유 1/3컵(a2 우유 또는 산양유, 코코넛 밀크로 대체 가능)	프리
영양 효모 1작은술	포스트
소금 1/2작은술, 올리브유(엑스트라 버진) 1큰술	

준비

- 더덕은 어슷 썬다. 어슷 썬 더덕 한두 개는 겉면만 구워놓는다.
- 양파는 잘게 조각 썰기 한다.

만들기

1. 양파와 분량의 채소수 중 일부를 넣고 약한 불에서 2~3분 정도 볶아 양파 향을 날린다.
2. 어슷 썬 더덕과 밥, 나머지 채소수를 넣고 뚜껑을 닫은 채 약한 불에서 10분간 뭉근히 끓여 익힌다. 이때 가끔씩 젓는다.
3. 소금과 우유를 넣고 한 번 더 살짝 끓여 블렌더에 곱게 간다.
4. 영양 효모를 넣어 잘 저은 후 잣과 구운 더덕으로 장식하고, 먹기 직전 올리브유를 살짝 뿌린다.

TIP

- 더덕 대신 인삼, 무, 연근, 마를 사용해 기호에 맞는 수프를 만들어도 좋다.
- 우유 대신 코코넛 밀크를 사용해도 된다.

콜드토마토수프

재료

토마토 6개, 애호박 1/5개	프리
샬롯 2개, 다진 마늘 1작은술, 다진 생강 1작은술	프리+콘트라
갑각류 육수(레시피 p.51 참조) 2컵	
저장 레몬즙(레시피 p.135 참조) 2큰술	프로+포스트+콘트라
소금 1/2작은술, 올리브유(엑스트라 버진) 2큰술	

준비

- 토마토는 데친 뒤 껍질을 벗겨 잘게 썬다.
- 애호박은 씨 부분을 제거한 뒤 스팀으로 익혀 가로 슬라이스 1~2개 남기고 잘게 썬다.
- 샬롯은 잘게 썬다.

만들기

1. 샬롯을 갑각류 육수 중 일부를 넣고 볶듯이 익힌다.
2. 손질한 토마토, 조각낸 호박, 다진 마늘·생강, 소금, 나머지 육수를 마저 넣고 한 번 더 끓인다.
3. 블렌더에 갈아 충분히 식힌 다음 저장 레몬즙을 넣어 섞는다.
4. 호박 슬라이스와 호박 조각으로 토핑하고, 먹기 직전 올리브유를 살짝 뿌린다.

천연 면역 발효 음식

식습관을 통해 장내에 좋은 마이크로바이옴 환경을 조성하면 장 기능이 향상되면서 면역기능은 물론 신경기능, 대사기능도 향상된다. 반대로 장내 마이크로바이옴 환경이 나빠지면 면역 조절 능력이 저하되고 신경적, 대사적 이상으로 많은 병의 원인이 된다. 이러한 장내 마이크로바이옴의 기능을 구축하는 주체가 프로바이오틱스다. 프로바이오틱스는 장내 대사 작용이나 면역계, 신경계에 지속적으로 유익한 영향을 주고 병적인 장 증상 완화에도 도움이 되는 물질을 만들기 때문이며, 항상 장내에 일정량을 유지하는 것이 바람직하다. 그러나 영구적으로 장내에 머무르지 못하므로 식이에 규칙적으로 포함시키는 것이 중요하다. 프로바이오틱스를 함유한 가장 좋은 음식은 바로 발효 식이다. 발효 식이는 생체 기능적으로 우수한 물질을 내는 프로바이오틱스 유익균을 함유하고 있으며, 유해균 자체를 억제하는 기능도 지녔다. 특히 김치유산균은 식물성 먹이(프리바이오틱스) 성장의 대표적 프로바이오틱스인데, 내산성과 내담즙성이 우수해 살아서 장까지 도달할 확률이 높은, 매우 우수한 프로바이오틱스로 꼽힌다. 우리 밥상에 늘 오르는 김치와 함께, 독일에서 즐겨 먹는 양배추 발효식품인 사우어크라우트 그리고 오이나 채소로 만드는 피클까지, 다양한 발효 저장식을 만들어두고 식사에 곁들여보자.

Part 05

배추김치

재료

재료	분류
포기배추(중간 크기) 2포기, 무(중간 크기) 1/4개	프리
배추 절임용 재료 소금 6컵, 물 18컵	
히카마(채썰기용은 무의 1/2 분량, 즙용은 무와 같은 분량)	프리
양념 재료 파 2대, 고춧가루 1컵, 마늘 10쪽, 생강 15g, 새우젓 1/3컵, 멸치액젓 1/2컵, 찬밥 4큰술	프리+콘트라+포스트

발효 과채 식품
Fermented Fruits & Vegetables
김치류

준비

- 물 18컵에 소금 4컵을 넣어 절임용 소금물을 만든다.
- 배추는 1/2쪽으로 쪼갠다.
- 무와 히카마(채썰기용 분량)는 채 썰고, 파는 어슷 썬다.
- 히카마 즙용 분량은 강판에 갈거나 주서기에서 즙을 낸다.
- 멸치액젓, 마늘, 생강, 찬밥, 히카마즙을 블렌더에 넣고 간다.

만들기

1. 소금 2컵을 배춧잎 사이사이에 뿌려둔다. 그런 다음 절임용 소금물에 담가 1~2시간 정도 절인다.
2. 배추가 잘 절여지면 절인 물을 조금 덜어놓은 상태에서 배추를 물에 재빨리 헹군 다음 체에 밭쳐 물기를 뺀다. 배추 겉잎을 2장 정도 따로 빼놓는다.
3. 썰어놓은 무, 히카마, 파, 분쇄한 양념 재료, 고춧가루를 모두 섞어 김치 속 재료를 만든다.
4. 절인 배춧잎 사이사이에 만들어놓은 속 재료를 적당량씩 넣고, 가장 바깥쪽에 붙어 있는 큰 배춧잎으로 배추 속이 빠지지 않도록 싼다.
5. 김치통에 80% 정도 차도록 꾹꾹 눌러 담고, 따로 빼놓은 배추 겉잎으로 위를 덮어 뚜껑을 닫고 상온(20~25℃)에 2일쯤 둔다. 여름에는 반나절만 두어도 된다. 이후에는 냉장 보관한다.

TIP

- 양념 분쇄 시 배추 절인 물을 조금 넣어주면 분쇄가 용이하다.
- 찬밥 대신 찹쌀풀(레시피 p.124 참조)을 사용해도 된다.
- 매운맛을 줄이려면 고춧가루 양을 줄여 조리한다.

깍두기

재료

무(중간 크기, 개당 약 1.5kg) 1개, 히카마 500g	프리
소금 1/2컵	
매실청 1/3컵	프리
양념 재료 고춧가루 1컵, 대파 1대, 쪽파 10대, 마늘 10쪽, 생강 15g, 새우젓 3큰술, 멸치액젓 3큰술, 식은밥 4큰술	프리+콘트라+ 포스트

•••
발효 과채 식품
Fermented Fruits & Vegetables
김치류

준비

- 무와 히카마를 가로세로 2.5cm 크기로 깍둑썰기 한 뒤, 소금과 매실청에 버무려 30분 정도 절인다. 중간에 한두 번 뒤집어 골고루 절여지도록 하고, 절여지면 체에 밭쳐 물기를 제거하되, 절임물은 버리지 않고 남겨둔다.
- 대파는 흰 부분 10cm 정도만 다지고, 쪽파는 4cm 길이로 자른다.
- 새우젓을 제외한 마늘, 생강, 식은밥, 멸치액젓을 블렌더에 넣고 간다. 이때 무와 히카마 절임물을 조금 넣으면 분쇄하기 쉽다.

만들기

1. 절인 무와 히카마에 고춧가루를 일부 먼저 넣고 버무려 붉은 빛깔을 낸다.
2. 쪽파를 제외하고 분쇄한 양념 재료, 새우젓, 대파, 고춧가루를 모두 섞어 양념을 만든다.
3. 양념을 고춧가루에 버무려둔 무와 히카마에 묻혀 다시 버무린다. 이때 물기가 너무 없으면 무 절임물을 조금 넣고, 마지막에 쪽파를 넣어 한 번 더 버무려 완성한다.
4. 통에 80% 정도 꾹꾹 눌러 담고, 용기에 묻어 있는 양념으로 윗부분이 마르지 않도록 덮은 다음 뚜껑을 닫아 직사광선이 닿지 않는 상온(20~25℃)에 2일 정도 둔다. 여름에는(30℃ 이상) 반나절만 둬도 된다. 이후에는 냉장 보관한다.

TIP

매운맛을 줄이려면 고춧가루 양을 줄여 조리한다.

총각무김치

발효 과채 식품
Fermented Fruits & Vegetables
김치류

만들기

1. 총각무 15뿌리를 줄기와 함께 깨끗이 다듬어 소금(1/2컵)으로 버무린 뒤, 소금물(소금 1컵, 물 9컵)에 30~40분 절인다. 두꺼운 것은 1/2 크기로 길게 자른다. 절이는 중간에 한두 번 뒤집듯 섞어 골고루 절여지도록 한다.
2. 절인 총각무를 물에 헹군 다음 체에 받쳐 물기를 뺀다. 절임물은 양념 제조 시 사용한다.
3. 깍두기와 동일한 양념(레시피 p.116 참조)으로 버무린 다음 숙성 보관한다.

TIP
매운맛을 줄이려면 고춧가루 양을 줄여 조리한다.

동치미

재료

재료	구분
작은 무(동치미용) 6개	프리
소금 2컵	
황태 국물 재료 황태 2마리(머리 포함), 대파 6대, 5cm 크기의 다시마 8장, 물 4L	프리+콘트라
식은밥 1컵	프리
홍갓 200g, 마늘 10쪽, 생강 15g, 쪽파 20대	프리+콘트라
배, 사과 각 1개씩	프리
삭힘고추(레시피 p.131 참조) 10개	프로+프리+포스트+콘트라

•••
발효 과채 식품
Fermented Fruits & Vegetables
김치류

준비

- 무를 박박 문질러 씻어 길게 2등분한 다음 천일염 1컵을 뿌려 12시간 정도 절인다.
- 분량의 황태, 대파, 물을 냄비에 넣고 중불에 20분쯤 끓이다가 다시마를 넣고 10분간 다시 끓여 걸러내 황태 육수를 만든다.
- 배와 사과는 1/8쪽으로 자른다.
- 마늘과 생강은 편으로 썰어 삼베 망에 담는다.

만들기

1. 준비한 황태 육수가 식으면 남은 소금 1/2컵을 넣어 녹인다.
2. 국물 일부를 찬밥과 곱게 갈아 보자기로 거른 뒤 준비된 황태 육수와 섞어 동치미 국물을 완성한다.
3. 절인 무를 헹궈 건진 뒤, 그 물에 갓과 쪽파를 적셔 김치통 밑에 깐다. 그런 다음 그 위에 무를 넣고 완성된 동치미 국물을 붓는다.
4. 사과, 배, 마늘, 생강을 베주머니에 넣고 삭힘고추를 위에 얹은 뒤 무거운 것으로 꾹 눌러 재료들이 물에 충분히 잠기도록 한다.
5. 뚜껑을 닫고 상온(20~25℃)에서 2~3일 숙성시킨다. 이후에는 냉장 보관한다.

TIP
갑상선 이상이 있는 사람은 다시마를 빼고 황태 국물을 만들어 사용한다.

간단동치미

재료

재료	체질
무(1.5kg 내외) 1½개, 히카마 500g, 배 1/2개	프리
천일염 6큰술(절임용 4큰술 & 간 맞춤용 2큰술)	
김칫국물 재료 사과 1/2개, 당근 1개, 양파 1/2개, 물 3.5L, 조각낸 히카마 300g, 식은밥 3큰술, 쪽파 10대, 대파 1대, 갓 1줄기, 홍고추 1개, 마늘 4~5쪽, 생강 7g	프리+콘트라
삭힘고추(레시피 p.131 참조) 5개	프로+프리+ 포스트+콘트라

•••

발효 과채 식품
Fermented Fruits & Vegetables
김치류

준비

- 무와 히카마를 1.5cm 정방형 크기에 4cm 길이로 썬다. 모양 내어 자르고 남은 히카마의 자투리는 분쇄해 국물에 사용한다.
- 배는 무와 같은 크기로 썰고, 쪽파와 파는 5cm 길이로 썬다.
- 홍고추는 씨를 빼고 비슷한 길이로 채 썬다.
- 마늘, 생강은 잘게 채 썬다.
- 분량의 물에 사과, 당근, 양파를 넣고 끓인 다음 30분간 약한 불에서 더 끓인다. 충분히 식힌 다음 체에 밭쳐 건더기를 걸러 과일 채소수를 만든다.
- 찬밥과 자투리 히카마에 과일 채소수를 조금 부어 곱게 분쇄한 다음 고운 체로 거르고, 나머지 과일 채소수와 섞어 김칫국물을 완성한다.

만들기

1. 무와 히카마를 소금 4큰술과 잘 섞이게 버무려 50분 정도 절인다. 중간에 뒤집어서 골고루 절여지도록 한다. 체에 걸러 절임물을 빼고, 여기에 갓을 30분 정도 절인 후 건져낸다.
2. 절인 무와 히카마, 갓을 바로 김치통에 담고, 준비된 다른 재료들을 모두 넣는다.
3. 완성한 김칫국물을 모든 재료가 잠기도록 충분히 붓는다.
4. 기호에 따라 소금 1~2큰술을 넣어 간을 맞춘다.
5. 실온(20~25℃)에서 2일쯤 숙성시킨다. 이후에는 냉장 보관한다.

TIP

과일 채소수 대신 황태 국물(레시피 p.121 참조)을 넣어 만들어도 좋다.

나박김치

재료

배추 200g, 무 200g, 히카마 100g	프리
쪽파 10대, 마늘 6쪽, 생강 8g, 홍고추 1개	프리+콘트라
김칫국물 재료 찹쌀풀물 1컵, 고춧가루 1/4컵, 매실청 1큰술, 물 800ml	프리+콘트라
소금 3큰술(절임물 만들 때와 간 맞출 때 사용)	

●●●
발효 과채 식품
Fermented Fruits & Vegetables
김치류

준비

- 배추는 가로세로 2.5cm 크기로 썰고, 무와 히카마도 비슷한 크기와 두께로 썬다.
- 쪽파는 3cm 길이로 자르고, 마늘·생강·홍고추는 얇게 편으로 잘라둔다.(홍고추 씨는 빼고 쓴다.)
- **찹쌀풀 쑤기** 냄비에 물 1컵과 찹쌀가루 20g을 잘 섞고, 약불에서 투명해질 때까지 저어 만든다.
- 물(800mL)에 고운 고춧가루를 풀고, 식은 찹쌀풀과 매실청을 넣어 섞은 뒤 체에 걸러 김칫국물을 만든다.

만들기

1 물 2컵에 소금 1/2컵을 넣어 만든 절임물에 준비해둔 배추와 무를 넣고 10분 정도 절인 뒤 재빨리 헹궈 물기를 뺀다.

2 준비해둔 모든 재료를 용기에 담고, 김칫국물을 부어 소금으로 간을 맞춘 뒤 잘 젓는다. 뚜껑을 닫은 상태로 상온(25℃)에서 2~3시간 두었다가 냉장 보관한다.

열무물김치

재료

열무 1kg, 식은 죽(보리밥 3큰술, 물 1컵) 1컵	프리
절임물 재료 소금 200g, 멸치액젓 1/2컵, 물 2L	
다시마 채소수 재료 무 1/3개, 대파 뿌리 4개, 양파 1개, 건표고버섯 4개, 5cm 크기 다시마 3장, 물 3L, 소금 1큰술	프리+콘트라
양념 재료 마늘 6쪽, 생강 8g, 배 1/4쪽, 홍고추 3개, 쪽파 10대, 히카마 200g	프리+콘트라
소금 3큰술(간 맞출 때 사용)	

•••
발효 과채 식품
Fermented Fruits & Vegetables
김치류

준비

- 열무는 다듬어 6cm 길이로 자른 뒤 절임물에 10분간 절인다. 골고루 절이기 위해 중간에 한두 번 뒤집고, 다 절이면 물에 재빨리 헹군 다음 체에 밭쳐 물기를 뺀다. 절임물은 버리지 않는다.
- 분량의 무, 양파, 대파(파 뿌리도 사용), 건표고버섯을 큼직하게 잘라 솥에 넣고 물을 부어 센 불에서 10분, 중불에서 20분 끓인다. 이어 다시마를 넣고 약한 불에서 10분 정도 더 끓인다. 이후 채소들을 걸러낸 다음 완전히 식혀 김칫국물에 쓸 다시마 채소수를 만든다.
- 보리밥과 물 1컵으로 죽을 쑤어 식힌다.
- 홍고추는 씨를 빼 어슷 썰고, 쪽파는 4cm 길이로 자른다.
- 식은 죽, 마늘, 생강, 배, 히카마를 함께 넣고 블렌더로 갈아서 즙을 내고, 체에 걸러 김칫국물을 만든다. 이때 열무 절인 물을 조금 쓰면 분쇄가 쉽다.

만들기

1. 다시마 채소수에 분쇄하여 거른 양념 재료를 섞어 김칫국물을 만들고, 소금으로 간을 맞춘다.
2. 절인 열무를 큰 통에 2/3쯤 채우고, 어슷 썬 홍고추와 적당한 크기로 자른 파를 추가한다.
3. 모든 재료가 잠기도록 김칫국물을 넉넉하게 붓는다. 뚜껑을 닫은 상태로 상온(25℃)에서 반나절 두었다가 냉장 보관한다.

TIP

- 빨간 물김치는 고운 고춧가루 3큰술을 면포에 넣고 채소수에서 조물조물 문질러 고춧물을 내어 만든다.
- 갑상선 이상이 있는 사람은 다시마를 빼고 김칫국물 채소수를 만들어 사용한다.

간장삭힘마늘   소금물삭힘고추

간장삭힘고추　　　　　　　　소금물삭힘마늘

간장삭힘마늘

발효 과채 식품
Fermented Fruits & Vegetables
삭힘 채소류

재료

풋마늘 10통(5월 수확된 삭힘용 풋마늘)	프리+콘트라
삭힘물 식초 1½컵, 물 1½컵, 천일염 2작은술	포스트
맛간장(레시피 p.61 참조) 3큰술	프리+포스트+콘트라
사탕수수 원당 1큰술	프리

준비

- 마늘은 속껍질 한 겹을 남겨둔 상태에서 손질해 씻은 다음 체에 밭쳐 물기를 뺀다.
- 식초, 물, 천일염을 잘 섞어 삭힘용 식촛물을 만든다.

만들기

1. 유리용기에 마늘을 담고 준비해둔 식촛물을 마늘이 잠기도록 붓는다. 재료가 뜨지 않도록 무거운 것으로 눌러놓는다.
2. 상온에 1주 정도 두었다가 식촛물만 다시 빼내서 간장과 원당을 넣어 끓인다.
3. 완전히 식은 상태에서 1차 삭힘마늘이 들어 있는 용기에 다시 붓고, 상온에 1주 정도 둔다. 이후에는 냉장 보관한다.

소금물삭힘마늘

발효 과채 식품
Fermented Fruits & Vegetables
삭힘 채소류

재료

풋마늘 10통(5월 수확된 삭힘용 풋마늘)	프리+콘트라
삭힘물 식초 1컵, 물 1컵, 천일염 1큰술, 매실청 2작은술	프리+포스트

준비

- 마늘은 껍질을 까놓는다.
- 식초, 물, 천일염을 분량대로 섞고 끓여 식힌 후, 매실청을 첨가해 삭힘물을 만든다.

만들기

1. 유리용기에 깐 마늘을 넣고 삭힘물을 모두 잠기게 붓는다.
2. 상온에 1주 정도 두었다가 냉장 보관하며 사용한다.

소금물삭힘고추

•••
발효 과채 식품
Fermented Fruits & Vegetables
삭힘 채소류

재료

고추(중간 크기) 400g	프리+콘트라
소금(천일염) 1/2컵, 물 800ml	

준비
고추 꼭지를 짧게 정리하고 씻은 다음 물기를 뺀다.

만들기
1. 준비한 고추를 유리용기에 담는다.
2. 분량의 물에 소금을 넣어 끓인 다음 냄비째 3분 정도 식혀 1차 삭힘 소금물을 만든다.
3. 뜨거운 1차 삭힘 소금물을 유리용기에 부어 고추가 잠기게 한 뒤, 뜨지 않도록 무거운 것으로 눌러놓는다.
4. 상온에 2주쯤 두었다가 소금물만 다시 빼내서 끓인 다음 완전히 식혀 2차 삭힘물을 만든다. 그것을 1차 삭힘고추가 들어 있는 용기에 다시 붓고 냉장 보관한다.

간장삭힘고추

•••
발효 과채 식품
Fermented Fruits & Vegetables
삭힘 채소류

만들기
1. 1차 삭힘고추를 만드는 방법은 소금물 삭힘고추 만드는 방법(레시피 p.131 참조)과 동일하다.(단, 소금의 양을 2작은술 정도 덜어내고 삭힘물을 만든다.)
2. 1차 삭힘물을 따라내어 맛간장(레시피 p.61 참조) 1/2컵과 사탕수수 원당 (1큰술)을 첨가해 끓여 2차 삭힘물을 만든다.
3. 충분히 식힌 다음 1차 삭힘고추가 들어 있는 용기에 다시 부어 냉장 보관한다.

TIP
일반 양조간장을 이용할 경우, 원당을 1큰술 더 첨가한다.

사우어크라우트

재료

양배추 1/2통(약 500g)	프리
소금 1큰술	
애플 사이다 비니거 1작은술	프로+포스트
향신 재료 고수 씨앗·주니퍼베리 씨앗 1/2작은술씩	콘트라

●●●
발효 과채 식품
Fermented Fruits & Vegetables
절임 채소류

준비
- 양배추는 겉잎을 1~2장 떼어놓고 0.5cm 두께로 채 썬다.
- 이때 꼭지 부분은 베어둔다.

만들기
1. 볼에 양배추를 담고 소금을 섞어 배추가 연해지고 양배추 액이 나올 때까지 버무려 절인다.
2. 향신 재료와 애플 사이다 비니거를 넣어 섞은 후 용기에 80% 정도 담고 꾹꾹 눌러 재료에서 빠져나온 액에 완전히 잠기도록 담는다. 그런 다음 그 위에 떼어놓은 양배추 겉잎과 무거운 양배추 꼭지 등을 올려 꾹 눌러 공기를 차단시킨 다음, 뚜껑을 잘 닫은 상태에서 직사광선이 닿지 않는 서늘한 곳에 보관한다.
3. 2일 후에 냉장고로 옮겨 1~2주일 정도 발효시킨다. 숙성되는 동안 기포가 생기고 맛이 난다.

TIP
- 식초를 1큰술 정도 첨가해 버무리면 숙성 기간을 줄일 수 있다.
- 당근을 채 썰어 양배추를 절일 때 같이 넣어도 좋다.

저장레몬

●●●
발효 과채 식품
Fermented Fruits & Vegetables
절임 채소류

재료

레몬 8개	프리+콘트라
고수 씨앗, 산미나리 씨앗, 통후추 각 1작은술씩	콘트라
소금 1/2컵	

준비

- 고수 씨앗과 산미나리 씨앗은 중불에서 2분 정도 볶아 향을 낸다.
- 레몬은 베이킹소다로 박박 문질러 씻은 다음, 가로로 반씩 잘라 즙을 낸다. 즙을 낸 껍질 조각 16개 중 12개는 채 썰고, 4개는 세로로 4등분 한다.

만들기

1. 입구가 큰 유리용기에 볶아놓은 씨앗과 소금을 함께 넣는다.
2. 레몬즙의 2/3를 유리용기에 넣어 섞고, 채 친 레몬 껍질을 밑에서부터 눌러 담아 채워 넣는다.
3. 4등분한 껍질로 위를 꼭꼭 덮고 나머지 레몬즙을 넣는다. 레몬 껍질이 액체에 잠기지 않으면 추가로 레몬즙을 더 짜서 최대한 잠기도록 한다.
4. 뚜껑을 덮어 직사광선이 닿지 않는 시원한 곳(15℃)에 일주일 정도 둔다. 이후에는 냉장 보관한다.

원당레몬

●●●
발효 과채 식품
Fermented Fruits & Vegetables
절임 채소류

재료

레몬 4개	프리+콘트라
사탕수수 원당 150g	프리

만들기

1. 베이킹파우더로 레몬을 문질러 씻은 뒤 가로로 동그랗게 슬라이스 한다.
2. 유리용기에 ①의 레몬과 원당을 켜켜이 담고 위에 생레몬 슬라이스와 껍질로 꼭꼭 눌러 담은 다음 서늘한 곳에 일주일 정도 보관한다. 이후 냉장 보관하면서 필요할 때마다 꺼내 사용한다.

오이피클

재료

오이(피클용) 8개	프리
담금물 재료 소금 2큰술, 사탕수수 원당 1/2큰술, 물 1/2컵, 백포도주 식초 1/3컵	프리+포스트
향신 재료 홍고추 1/2개, 마늘 4쪽, 고수 씨앗 1큰술, 딜 허브(잔가지 1개)	프리+콘트라

발효 과채 식품
Fermented Fruits & Vegetables
피클류

준비
- 준비된 오이의 반은 길게 슬라이스하고, 나머지는 통째로 꼭지만 제거한다.
- 홍고추는 둥근 모양으로 얇게 슬라이스하고, 마늘은 편으로 썬다.

만들기
1. 준비된 오이를 유리용기에 90% 정도 채워 담는다. 마늘과 홍고추도 중간중간 같이 넣는다.
2. 물, 소금, 원당을 섞어 끓여 담금물을 만든다. 여기에 식초를 첨가하고 뜨거운 상태로 준비한다.
3. 오이를 넣은 유리용기에 ②의 담금물을 붓고 딜을 얹어 뚜껑을 닫는다. 그런 상태에서 소금물로 오이가 버무려지도록 잘 흔들어 실온에 2~3시간 두었다가 냉장고에 넣는다. 오이에서 수분이 점차 빠져나오면서 용기 내 수위가 높아진다.
4. 냉장 보관 상태에서 바로 오이피클을 꺼내 먹어도 되지만, 몇 시간 더 숙성시키면 맛이 좋아진다.

TIP
- 너무 오래 두면 신맛이 지나치게 날 수 있으므로 적당량씩 담근다.
- 이때 백포도주 식초를 애플 사이다 비니거로 대체해도 무방하다.

래디시피클　　　생강피클

채소피클

발효 과채 식품
Fermented Fruits & Vegetables
피클류

무, 고추, 양파, 비트, 래디시, 생강 등을 이용해 오이피클과 같은 방법으로 피클을 담글 수 있다.

피클 종류에 따른 적당한 발효 시간과 향신 재료는 다음과 같다.

채소	향신 재료	사용 식초	실온에 두는 최소 시간
비트	오렌지 껍질, 파슬리	와인식초(red)	3시간
무 또는 총각무	쪽파, 민트	청주식초	2시간
당근	파슬리, 민트	발사믹식초(white)	2시간
펜넬(회향)	레몬 껍질, 딜	발사믹식초(white)	1시간
생강	쪽파	청주식초	1시간
양파	로즈메리, 타임	애플 사이다 비니거	1시간
래디시	파슬리, 타임	와인식초(red)	1시간 30분

유익균 키우고
유해균 잡고, 몸도 가볍게,
발효 음료

마이크로바이옴을 건강하게 유지하기 위해 매일 섭취해야 하는 발효식품은 모든 식이에 어떤 형태로든 포함시키는 것이 좋다. 이번 파트에서는 대표적인 우유 발효식품인 케피어와 요거트, 차 발효 음료인 콤부차, 케피어 발효수 그리고 이들을 활용한 주스·에이드·스무디를 다양하게 소개한다. 식사에 곁들이거나 간식으로 챙겨 마시기 좋은 발효 음료는 최근 인기가 높아지면서 카페 메뉴로도 쉽게 만날 수 있는데, 유산균과 스코비 등을 구입하면 집에서도 간편하게 만들 수 있다. 대표적인 것이 케피어Kefir와 콤부차Kombucha로 이들은 만드는 방법이 쉬울 뿐 아니라 발효 과정에서 생긴 독특한 맛과 향을 음미하며 즐기기에도 좋은 음료다. 한편 우유 발효식품을 만들 때에도 일반 우유에 예민한 경우라면 a2 우유나 산양유 같은 발효 유제품을 선택하며, 코코넛 밀크 등을 이용한 발효 음료를 써도 좋다. 모든 음료의 단맛을 위해서는 과일과 사탕수수 원당, 생벌꿀 등을 이용한다.

Part 06

케피어

재료

신선한 우유(a2 우유) 또는 산양유 4컵(가공 처리 우유 제외)	프리
동결건조 케피어 그레인 2큰술(온라인이나 건강식품점에서 구입 가능)	프로
발효시킨 케피어 스타터 1/4컵	프로+포스트

• 발효 유제품

준비

케피어 스타터 만들기 신선한 우유(1컵)에 건조 케피어 그레인(1/2큰술)을 넣고 잘 섞어 뚜껑을 닫고, 25℃ 상온에서 24시간 발효시킨다. 몽글몽글한 조직감이 생긴다. 신선도가 의심되는 우유는 80~90℃까지 데운 뒤 상온에서 식혀 사용한다.

만들기

1. 입구가 큰 유리병에 신선한 우유(3컵)와 케피어 그레인(1큰술)을 넣고 케피어 스타터(1/4컵)와 잘 섞은 다음, 뚜껑을 덮고 상온(20~25℃)에 24시간 동안 두어 발효시킨다. 몽글몽글하게 걸쭉해지면서 톡 쏘는 향이 나면 발효가 다 된 것이다.
2. 완성된 케피어는 냉장 보관한다.

TIP

- 케피어 그레인에는 락토바실러스 유산균, 락토코코스 유산균, 류코노스톡 유산균, 스트렙토코커스 유산균, 클루이베로미세스 유산균, 사카로미세스 효모 등 5~12종의 유익한 프로바이오틱스가 함유되어 있다.(작은 콜리플라워 송이 모양의 티벳버섯 종균 형태로 된 케피어 종균도 사용 가능하다.)
- 케피어 발효 스타터는 완성된 케피어로 만들어도 되는데, 완성된 케피어를 매번 1/4컵씩 떼어 냉장 보관하면 무제한 발효 스타터로 이용 가능하다.

플레인요거트

- 발효 유제품

재료

우유(a2 우유) 또는 산양유 3컵	프리
생균이 살아 있는 플레인 타입 산양유 요거트 1/2컵	프로+포스트
사탕수수 원당(유기농) 3큰술	프리

만들기

1. 우유를 약한 불에서 끓지 않을 정도(90℃)까지만 가열한 뒤 40℃ 정도로 식힌다. 그중 1컵을 요거트와 섞는다.
2. 나머지 우유와 원당을 혼합해 저어준 뒤 용기 뚜껑을 닫고, 약 38~40℃의 온도를 유지한 상태에서 4~5시간 동안 발효시키고, 그 이후에는 냉장 보관한다.

그릭요거트

- 발효 유제품

만들기

플레인 요거트의 수분(유장)을 제거해 제조한다. 고운 면포로 짜거나 시판하는 유장 제거 용기를 사용하면 쉽다.

TIP

수분을 소량 제거할수록 부드러운 질감이 된다.

코코넛밀크요거트

• 발효 유제품

재료

코코넛 밀크(레시피 p.156 참조) 2컵	프리
사탕수수 원당 2큰술	프리
생균이 살아 있는 플레인 타입의 산양유 요거트 1/2컵	프로+포스트

만들기

1 코코넛 밀크를 약한 불에서 끓지 않을 정도(90℃)까지 가열한 다음 40℃ 정도로 식힌다.
2 여기에 사탕수수 원당을 넣고 산양유 요거트를 넣어 섞고 믹스를 만든다.
3 용기 두껑을 닫아 38~40℃의 온도를 유지하며 4~5시간 동안 발효시키고, 그 이후에는 냉장 보관한다.

TIP

· 톡 쏘는 맛과 진한 농도를 선호하면 원하는 만큼 발효 시간을 늘려도 된다. 단, 8시간을 넘지 않는 게 좋다.
· 요거트 발효 기구가 있다면 사용해도 무방하다.

콤부차

재료

사탕수수 원당 2½컵	프리
홍차 티백 10~12개	프리+콘트라
발효 스타터(미리 발효시킨 콤부차액) 1/2컵	프로+포스트
스코비(SCOBY) 1개(온라인 구매 가능)	프로
물 4L	

발효 음료

만들기

1. 물을 끓여 적당히 식힌 다음 큰 유리병(5L 크기)에 넣고 준비한 티백을 담근 상태로 서서히 식히면서 찻물을 우려낸다. 그 후 티백을 제거하고 원당(2컵)을 넣어 녹인다.
2. 여기에 미리 발효시켜 놓은 콤부차액(스타터)을 넣어 섞고, 우려낸 찻물 표면에 스코비를 가만히 올린다.(스코비는 처음에 가라앉는다.)
3. 커피용 필터나 면 보자기로 덮은 뒤 고무줄 등으로 입구를 묶어 불필요한 균이나 먼지가 들어가지 않도록 한다.
4. 직사광선을 피하고 상온(20~25℃)에서 6~10일 정도 발효시킨다. 스코비가 떠오르고 신맛과 단맛이 함께 나면 발효된 것이며, 이것이 1차 발효 콤부차다. 기호에 따라 발효 시간을 조절하면 된다.
5. 탄산을 만드는 2차 발효 과정을 진행한다. 즉 작은 병(500ml 크기)에 1차 발효액을 80%쯤 채워 담고 사탕수수 원당 1/2컵 분량을 병마다 균일하게 1작은술씩 나눠 넣은 다음, 이번에는 생성되는 탄산이 빠져나가지 않도록 뚜껑을 꼭 닫고 다시 상온에 24~48시간 두면 된다. 이후 냉장고로 옮겨 보관하며 음용한다.

TIP

- 스코비(SCOBY, Symbiotic Culture of Bacteria and Yeast):유산균, 초산균, 효모로 구성된 발효 스타터
- 한 번 사용한 스코비는 냉장 보관하면서 재사용하는데, 냉장고에 1개월 이상 두면 스코비 미생물이 살아 있지 않으므로 자주 사용거나, 그렇지 않은 경우는 새로 구입해 사용한다.
- 1차 발효액의 1컵 분량은 다음번 콤부차를 만들 때 사용할 발효 스타터용으로 따로 담아놓는다.
- 2차 발효 후 탄산가스가 많이 생성되어 있으므로 뚜껑을 열 때 주의가 필요하다.
- 탄산을 많이 생기게 하려면 2차 발효 과정 때 사탕수수 원당을 작은 병당 1작은술씩 더 첨가하면 된다.

콤부차에이드

재료

과일 100g(망고, 키위, 산딸기, 블루베리, 레몬 등, 단일 또는 2종류 정도 섞어도 무방)	프리+콘트라
생벌꿀 1큰술	프리+콘트라
콤부차액(레시피 p.146 참조) 300ml	프로+포스트
애플 사이다 비니거(레시피 p.55 참조) 1/2작은술	프로+포스트

••
발효 음료

준비
과일, 꿀, 콤부차(100ml)를 블렌더에 갈아 걸쭉한 에이드액을 만든다.

만들기
준비한 에이드액을 컵 밑에 깔고 그 위에 콤부차를 넣어 저은 후 애플 사이다 비니거를 위에 떨어뜨려 콤부차 에이드를 완성한다.(분쇄된 과일은 탄산과 함께 위로 떠오른다.)

TIP
- 벌꿀 대신 원당 레몬(레시피 p.135 참조), 매실청, 유자청, 오렌지청을 이용해 다양한 맛의 에이드를 만들 수 있다.
- 신맛을 조금 덜 내려면 애플 사이다 비니거 첨가는 생략한다.

콤부차 레몬에이드

과일콤부차

재료

과일즙 10큰술(망고, 키위, 사과, 오렌지, 유자, 석류 등, 단일 또는 2종류 정도 섞어도 무방)	프리+콘트라
생벌꿀 1큰술	프리+콘트라
1차 발효 콤부차액 1L	프로+포스트

석류콤부차

콤부차 키위에이드

콤부차 망고에이드

•• 발효 음료

준비
- 선택한 과일을 블렌더로 갈아 체에 걸러 큰 건더기를 제거하고 즙을 만든다.(주서기를 사용해도 된다.)
- 즙과 꿀을 섞는다.

만들기
1. 250ml들이 작은 병에 꿀과일즙을 2큰술씩 나눠 담고, 여기에 1차 발효 콤부차를 각각의 병에 80%쯤 채운다.
2. 탄산이 빠져나가지 않도록 뚜껑을 꼭 닫아 24~48시간 상온에서 발효시킨 다음 냉장 보관한다. 뚜껑을 열 때 탄산이 나올 수 있으므로 주의한다.

TIP
탄산이 더 많이 생성되게 하고 싶다면, 과즙 양을 늘리거나 원당을 조금 첨가하면 된다.

콤부차original

콤부차 블루베리 산딸기에이드

케피어발효수

재료

사탕수수 원당 1/4컵	프리
케피어 그레인 1/4컵(온라인으로 구매 가능)	프로
물(생수) 2L	

• •
발효 음료

준비
건조 케피어 그레인의 경우 물 2컵에 넣어 불린다.

만들기

1. 준비한 사탕수수 원당을 유리병에 넣고, 준비한 물을 반쯤 넣어 원당을 녹인 다음 나머지 물을 마저 넣는다.
2. 불린 케피어 그레인을 넣어 면 보자기로 입구를 덮고 고무줄을 돌려 입구를 묶는다.
3. 상온(20~25℃)에서 24~48시간 발효시킨다. 이때 기포가 생기고 시큼한 향이 난다.
4. 액체만 걸러서 소분해 냉장 보관하고, 소량은 남겨서 다음번 발효 스타터로 사용한다.

케피어발효수 주스 & 에이드

재료

바나나, 배, 사과, 청포도, 멜론, 복숭아, 비트, 케일, 당근, 생강, 양배추 중 선택(100g)	프리+콘트라
케피어 발효수(레시피 p.153 참조) 1컵	프로+포스트

●●
발효 음료

준비
케일, 당근, 생강, 양배추 등의 채소는 미리 스팀으로 3~5분 찐 다음 식혀 준비한다.

만들기
케피어 발효수 1컵에 과일 또는 채소 100g 정도를 블렌더에 넣고 분쇄한 뒤 바로 에이드로 마시거나 체에 거른 뒤 주스로 마셔도 된다. 주서기를 이용할 경우, 과일과 채소를 즙으로 만든 다음 발효수를 첨가해 주스로 만든다.

TIP
- 먹을 때마다 바로바로 제조한다.
- 과일 없이 채소만으로 주스를 만드는 경우, 저장 레몬즙(레시피 p.135 참조) 1작은술을 먹기 직전 첨가해도 좋다.

사과당근
케피어주스

청포도케일
케피어주스

케피어발효수

바나나
케피어에이드

배비트
케피어주스

코코넛밀크

재료

코코넛 과육 2컵 또는 코코넛 건조 플레이크 1컵	프리
물 2컵, 소금 1/2작은술	

만들기

1. **코코넛 과육 이용 시** 코코넛 과육 2컵에 물 2컵, 소금 1/2작은술을 넣고 블렌더로 곱게 갈아서 면포에 걸러낸다.
2. **건조 코코넛 이용 시** 분량의 말린 코코넛 플레이크와 끓인 물, 소금을 블렌더에 넣고 4~5분간 갈아 면포에 걸러낸다.
3. 면포에 거른 액을 가열해 끓인 후 식혀서 유리병에 담아 냉장 보관한다. 만약 크림이 분리된 것처럼 보이면 사용 전에 잘 젓거나 살짝 가열한다.

대추생강 코코넛밀크

재료

코코넛 밀크 1컵	프리
계핏가루 1/2작은술	콘트라
생강 3g, 대추 5알	프리+콘트라

준비

대추는 미리 씨를 제거한다.

만들기

1. 코코넛 밀크, 씨 제거한 대추, 생강을 넣고 블렌더로 곱게 간다.
2. 얼음을 넣어 차게 마시거나 데워서 따뜻하게 마신다. 먹기 직전 계핏가루를 뿌린다.

옐로스무디

만들기

1. 조각 파인애플(또는 망고) 1컵, 바나나 1/2개, 물 1/3컵, 코코넛 오일 2작은술, 코코넛 밀크 1/2컵을 넣고 블렌더로 간다.
2. 얼음을 넣고 함께 갈면 좀 더 시원하게 즐길 수 있다. 민트 잎을 다져 위에 얹으면 좋다.

두부스무디

만들기

1. 두부 100g, 코코넛 밀크(또는 무가당 아몬드 밀크) 1/2컵, 아보카도 과육 1/4컵, 바나나 1/2개, 소금 1/2작은술을 블렌더에 넣어 부드러워질 때까지 간다.
2. 영양 효모 1/2작은술을 뿌린다.

버건디스무디

재료

바나나 1/2개	프리
자른 케일 잎 1컵(다른 초록잎 채소로 대체 가능)	프리+콘트라
냉동 블루베리 1/2컵(블랙베리로 대체 가능)	프리
비트 10g	프리+콘트라
얼린 플레인 요거트 2큰술	프리+프로
물 1/3컵	

만들기

1. 모든 재료를 블렌더에 넣고 간다.
2. 여기에 얼음을 넣고 함께 갈면 좀 더 시원한 스무디로 즐길 수 있다.

핑크스무디

만들기

1 냉동 딸기 조각 1/2컵(또는 산딸기), 냉동 체리 조각 1/4컵, 냉동 케피어 2큰술, 물 1/3컵을 블렌더에 넣고 간다.
2 얼음을 넣고 함께 갈면 좀 더 시원하게 즐길 수 있다.

옐로스무디   두부스무디   버건디스무디   핑크스무디

균형과 조화의
마이크로바이옴 일품 식이

이번 파트에서는 마이크로바이옴의 생성과 영양적 측면, 맛까지 만족스러운 일품 식이 메뉴를 소개한다. 육류와 해산물 단백질, 여러 종류의 채소는 물론 필요한 정도만큼의 탄수화물이 포함되어 영양적 균형을 갖추면서, 장내 미생물의 건강한 조성을 이루는 데 도움이 되도록 했다. 앞 파트 레시피의 육수와 소스를 적절히 조합해 조화로운 풍미를 만들고, 영양을 파괴하는 가공식품을 피하는 한편 조리의 기본을 지키면 한층 다양한 조합으로 새로운 레시피를 늘려갈 수 있다. 일품 식이를 만들 때도 다음과 같은 조리 방법은 지킨다. 식재료를 익힐 때는 대부분 증기로 찌고, '볶음 요리'를 할 때는 식재료를 직접 기름에 볶지 않는다. 그 대신 육수(프리 & 콘트라바이오틱스 함유)를 넣어 볶음 고유의 맛을 내고, 기름은 올리브유, 들기름, 참기름 등을 먹기 직전에 뿌리거나 버무려 사용한다. 올리브유는 유기농 엑스트라 버진 오일을 쓰고, 유익한 마이크로바이옴 형성에 방해가 되는 정제 소금과 정제당 및 인공감미료는 쓰지 않고, 대신 사탕수수 원당과 생벌꿀, 생메이플 시럽 등을 사용한다.

Part 07

오픈토마토버거

재료

토마토 1개, 양송이 3개, 장식용 녹색 채소 2큰술	프리
적양파 1개	프리+콘트라
검은콩 소스(레시피 p.63 참조) 1큰술, 당근 비트 소스(레시피 p.65 참조) 1큰술	프리+프로+포스트+콘트라
소고기 안심 100g, 소금·후추 1/2 작은술씩	
올리브유(엑스트라 버진) 2큰술	

준비

- 토마토는 스팀으로 3분 정도 익히고 껍질을 벗겨 1cm 두께로 가로 썰기 한다.
- 적양파는 0.5cm 두께로 가로 썰기 한 뒤 소금물에 5분 정도 담갔다 건져 물기를 뺀다.
- 소고기는 스팀으로 익힌 다음 양파와 같은 두께로 썰고, 양송이는 반달 모양으로 도톰하게 썬 다음 소금과 후춧가루를 뿌려 달군 팬에서 겉면만 살짝 익힌다.

만들기

1. 가장 아래에 토마토를 깐다.
2. 그 위에 익힌 쇠고기, 양파, 소스, 구운 양송이를 차례로 올리고 녹색 채소를 넉넉히 얹어 버거를 만든다.
3. 먹기 직전 가볍게 올리브유를 뿌린다.

조밥치킨

재료

닭고기(방목 치킨) 2조각	
절임 양념 코코넛 밀크 요거트(레시피 p.145 참조) 1컵, 레몬즙 1/3컵, 레몬 껍질 채 1/3컵, 후춧가루·큐민·강황·소금·시나몬 1/2작은술씩	프리+프로+콘트라+포스트
조밥 1컵(기장 좁쌀 이용)	프리
밥 양념 다진 파슬리 1/2큰술, 다진 민트 1/2큰술, 다진 딜 1/2큰술, 레몬즙 1큰술	프리+콘트라
소금 1작은술, 올리브유 2큰술	

준비

- 치킨을 절임 양념에 담가 1시간 정도 양념이 배도록 둔다.
- 조밥을 짓는다.
- 밥 양념으로 사용할 파슬리, 민트, 딜은 잘게 다진다.

만들기

1. 요거트 절임 치킨을 스팀으로 20분 정도 익힌 뒤 팬에 겉쪽만 살짝 굽는다.
2. 소금, 레몬즙을 준비해둔 조밥과 골고루 섞어 맛을 낸 다음 다진 허브를 섞어 접시에 담고, ①의 구운 치킨을 얹는다. 먹기 전에 올리브유를 뿌린다.

삭힘고추김밥

재료

김밥용 김, 밥 2공기, 우엉 1/2뿌리, 당근 1/2개, 시금치 10줄기	프리
달걀 2개, 쇠고기(장조림용) 100g	
맛간장(레시피 p.61 참조) 3큰술	프리+콘트라+ 포스트
멸치간장 2작은술	포스트
울외장아찌(묵은지로 대체 가능) 60g, 간장 삭힘고추(레시피 p.131 참조) 4개	프리+프로+ 포스트+콘트라
참기름 3큰술, 소금 1작은술, 깨소금 1작은술	

준비

- 달걀은 두껍게 지단으로 부쳐 김밥 길이로 자른다.
- 우엉은 김밥 길이로 굵게 채 썬 다음 간장을 넣고 졸인다.
- 쇠고기는 물과 맛간장을 넣고 팬에서 졸인 뒤 우엉 두께로 찢는다.
- 당근은 채 썰어 스팀으로 익힌 후 소금 한 꼬집을 넣고 참기름(1큰술)으로 버무린다.
- 시금치는 데쳐 참기름과 멸치간장을 넣어 골고루 무친다.
- 울외장아찌는 굵게 채 썰고, 간장삭힘고추도 씨를 제거해 채 썬다.
- 밥에 참기름(1큰술)과 소금(1/2작은술), 깨소금을 넣어 버무린다.

만들기

1. 김 위에 밥을 얇게 펴고, 그 위에 손질한 달걀 우엉, 쇠고기, 당근, 시금치, 울외장아찌, 삭힘고추채를 각각 얹는다.
2. 김이 터지지 않도록 조심스럽게 김밥을 말아 싼다.
3. 겉에 참기름을 바르고 가지런히 잘라 접시에 담는다.

TIP
울외장아찌 대신 묵은지를 씻어 물기를 짜고 길게 찢어 사용하면 건강에 좋은 마이크로바이옴 김밥이 된다.

묵무침

재료

도토리묵 300g	프리
잘 익은 배추김치 1/4포기	프리+프로+포스트+콘트라
사탕수수 원당 2작은술	프리
안초비 10마리	포스트
대파 1/2대, 마늘 2쪽	프리+콘트라
들기름 3큰술, 참깨 1큰술	

준비

- 도토리묵은 두툼하게 썬다.
- 배추김치는 잘 익은 것으로 선택하고, 가로로 채 썬다.
- 파와 마늘은 잘게 다진다.
- 안초비도 가로로 조각조각 썬다.

만들기

1. 채 썬 김치에 사탕수수 원당, 안초비, 파, 마늘, 들기름을 넣어 버무려 섞는다.
2. 접시에 도토리묵을 먼저 놓고 ①을 위에 얹는다.
3. 위에 참깨를 뿌려 장식한다.

새우잡채

재료

새우 6마리	
양파 1/3개, 적양배추 1/4개, 키위 1개	프리+콘트라
저장 레몬즙(레시피 p.135 참조) 2작은술	프로+포스트+콘트라
브로콜리 줄기 1개, 아스파라거스 2개, 다진 마늘 1작은술, 다진 생강 1작은술, 다진 파 1작은술	프리+콘트라
굵은 당면 10g	프리
맛간장(레시피 p.61 참조) 1큰술	프리+콘트라+포스트
소금 1/2작은술, 참깨 1작은술, 참기름 3큰술	
후춧가루(통후추 간 것) 1작은술	콘트라

준비

- 새우는 스팀으로 찐 뒤 모양대로 반으로 갈라 슬라이스하고, 팬에 겉면만 살짝 굽는다.
- 양파, 적양배추는 각각 채 썰어 저장 레몬즙에 버무려 5분 정도 절인 다음 꼭 짜서 물기를 제거한다.
- 브로콜리 줄기와 아스파라거스는 세로로 얇게 썰고, 스팀으로 5분 쪄 소금(1/2작은술)을 뿌려놓는다.
- 당면은 물에 불려 삶아 익힌다.
- 마늘, 생강, 파는 잘게 다진다.

만들기

1. 절인 양파·적양배추, 찐 브로콜리 줄기와 아스파라거스를 참기름(2큰술)으로 버무린다.
2. 익힌 당면에 다진 마늘·생강·파, 맛간장, 참기름(1큰술)을 넣고 버무린다. 미리 참기름으로 버무려둔 채소를 더해 골고루 잘 섞는다.
3. 위에 통깨를 뿌려 장식한 다음 키위를 곁들인다.

쌈케일롤

재료

쌈케일 10장, 샬롯 2개, 마늘 2쪽, 청·홍 파프리카 1/2개씩, 파 1/3대, 칠리가루 1/4작은술	프리+콘트라
소고기 안심 100g, 후춧가루·소금 1/2작은술씩, 들기름 2큰술	
흑미밥 1컵	프리
채소수(레시피 p.49 참조) 2컵	
영양 효모 1작은술	포스트
다진 타임 1작은술	프리+콘트라
된장 허브 소스(레시피 p.59 참조) 2큰술	프리+프로+포스트+콘트라

준비

- 쌀과 흑미, 채소수(1컵)로 압력솥에서 밥을 짓는다.
- 샬롯, 파프리카, 마늘, 파 등 채소는 껍질과 씨를 제거한 뒤 다진다.
- 소고기도 잘게 다진다.
- 쌈케일은 스팀으로 찐다.

만들기

1. 다진 채소와 소고기를 팬에 올리고 채소수(1/2컵)를 부어 볶다가 소금, 후춧가루, 칠리가루를 넣어 조금 더 볶는다. 마지막에 영양 효모와 다진 허브를 넣어 볶듯이 혼합한다.
2. ①에 흑미밥과 들기름을 추가해 잘 섞어 쌈 속을 만든다.
3. 데친 쌈케일에 ②의 쌈 속을 적당량 얹어 5~6cm 길이의 원기둥 모양으로 쌈을 만든다.
4. 접시에 담고 된장 허브 소스를 함께 곁들인다.

누룽지통단호박

재료

단호박(작은 것) 2개, 흑미 누룽지 1/2컵	프리
양파 1/2개, 마늘 2쪽, 청·홍 파프리카 1/4개씩, 적양배추 1/2컵	프리+콘트라
채소수(레시피 p.49 참조) 2컵	
영양 효모 1작은술(청국장가루로 대체 가능)	포스트
소금 1/2작은술, 올리브유(엑스트라 버진) 4큰술	
그린빈 아티초크 퓌레(레시피 p.63 참조) 2큰술, 당근비트 소스(레시피 p.65 참조) 2큰술	프리+프로+콘트라+포스트
오레가노 허브 1작은술	프리+콘트라

준비

- 단호박은 반 잘라 씨를 발라내고 스팀으로 10분간 찐다.
- 양파, 마늘, 파프리카, 적양배추는 모두 다진다.
- 흑미 누룽지는 잘게 빻는다.

만들기

1. 빻은 누룽지와 채소수(1컵)를 넣고 5분 정도 끓이다가 다진 채소와 소금을 넣고, 남은 육수를 마저 넣어 충분히 볶아 되직하게 만든다.
2. 찐 단호박에 볶은 누룽지 채소를 채운 다음, 180℃로 예열한 오븐에 20분간 굽는다.
3. ②의 단호박에 그린빈 아티초크 퓌레와 당근비트 소스를 발라 접시에 담는다.
4. 마무리로 오레가노 허브와 올리브유를 뿌려 완성한다.

당근라자냐

재료

당근 2개, 가지 1/2개, 호박 1/3개	프리
양파 1/3개, 마늘 4쪽, 흑미밥 2큰술	프리+콘트라
소고기 200g	
닭 육수(레시피 p.50 참조) 1/2컵	
토마토소스(레시피 p.69 참조) 1컵	프리+포스트+콘트라
영양 효모 1작은술	프로+포스트
파슬리가루(말린 잎 파우더) 2작은술, 콜리플라워 라이스(레시피 p.179 참조) 3큰술, 바질 잎 2작은술	프리+콘트라
소금 및 후추 1/2작은술씩, 올리브유(엑스트라 버진) 2큰술	

준비

- 당근은 두꺼운 위 가운데 부분만 3mm 두께로 세로로 슬라이스한 뒤 스팀으로 3분간 찐다.
- 가지와 호박은 씨 부분을 제거한 뒤 잘게 다진다.
- 양파, 마늘, 소고기도 다진다.
- 준비해둔 닭 육수의 절반에 흑미밥을 넣고 으깬다.

만들기

1. 팬에 다진 채소와 소고기, 으깬 흑미밥과 나머지 닭 육수를 넣고, 이어 영양 효모, 소금, 후춧가루, 파슬리가루, 토마토소스를 잘 섞은 다음 약한 불에서 4~5분간 볶아 라자냐 속을 만든다.
2. 오븐 용기에 스팀으로 익힌 슬라이스 당근을 맨 밑에 깐 다음, 라자냐 속을 펴 얹고 당근으로 덮는다. 그 위에 같은 방법으로 라자냐 속 당근 층을 한 번 더 올린다.
3. 콜리플라워 라이스를 그 위에 얇게 덮는다.
4. 180℃로 예열한 오븐에서 20분 정도 굽는다.
5. 먹기 직전 파슬리가루와 바질 잎을 올리고, 올리브유를 뿌린다.

렌틸콩채소밥

재료

렌틸콩, 완두콩, 검은콩 2큰술씩	프리
적양파 1/3개, 호박 1/4개, 표고버섯 1개, 당근 1/4개	프리+콘트라
닭 안심 100g, 소금 및 후추 1/2작은술씩	
채소수(레시피 p.49 참조) 2/3컵	
양념 재료 소금 및 후추 1작은술씩, 영양 효모 1작은술, 타임 허브 1큰술	프리+콘트라+포스트
콜리플라워 라이스 3큰술, 래디시 1~2개	프리+콘트라

준비

- 렌틸콩, 완두콩, 검은콩은 압력 가열로 익힌다.
- 적양파, 호박, 표고버섯, 당근은 잘게 다진다.
- 닭고기는 소금, 후춧가루(1/2작은술씩)에 재운 후 스팀으로 10분간 익혀 다진다.
- 래디시는 얇게 슬라이스한다.
- **콜리플라워 라이스 만들기** 콜리플라워(개별 송이 5개)와 마늘(2쪽)을 10분 정도 스팀으로 짜서 익혀 쌀알 크기로 분쇄한 후, 영양 효모(1작은술)와 소금(1/2작은술)을 넣어 섞고 먹기 직전 올리브유(엑스트라 버진 1큰술)로 버무린다.

만들기

1. 팬에 다진 채소와 채소수(1/2컵)를 함께 넣고 볶듯이 익힌다.
2. ①의 채소들과 익혀 다진 닭고기에 양념 재료를 넣어 잘 섞은 다음, 남은 채소수를 마저 넣어 볶는다.
3. ②를 익힌 콩류와 혼합해 오븐 용기에 담고 콜리플라워 라이스와 래디시 슬라이스를 위에 얹은 다음, 175℃로 예열한 오븐에서 15분간 구워 완성한다.

히카마도미조림

재료

도미 1마리(가자미나 대구 등 흰 살 생선 대체 가능), 소금 1큰술	
히카마 100g	프리
뼈 육수(레시피 p.48 참조) 2컵, 저장 레몬즙(레시피 p.135 참조) 1/2컵, 케이퍼 피클 2작은술	프리+프로+포스트+콘트라
마늘 4쪽, 레몬 1/2개, 치커리(파슬리) 2~3줄기	프리+콘트라
소금 1작은술, 올리브유(엑스트라 버진) 2큰술(들기름으로 대체 가능)	

준비

- 생선 비늘과 내장, 지느러미를 제거하고, 소금(1큰술)으로 절여놓는다.
- 히카마는 얇게 슬라이스한다.
- 레몬은 가로로 얇게 슬라이스한다.
- 마늘은 얇게 슬라이스한다.
- 치커리를 다진다.

만들기

1. 납작한 팬에 뼈 육수 1/2컵과 다진 마늘을 넣고 중간 불에서 2분간 볶는다.
2. 히카마와 생선을 넣고, 나머지 육수와 케이퍼 피클, 저장 레몬즙을 추가해 약한 불에서 뚜껑 덮어 10~15분간 졸인다.
3. 레몬 슬라이스를 넣어 5분 정도 더 끓인 후 마지막에 다진 치커리(파슬리)를 넣고 불을 끈다. 먹기 직전 올리브유를 뿌린다.

늙은호박스튜

재료

늙은 호박 200g	프리+콘트라
뼈 육수(레시피 p.48 참조) 4컵	
소고기(안심) 200g	
당근 1/2개, 샬롯 2개, 무 50g, 파스닙 1/4개, 마늘 3쪽, 브로콜리(작은 송이) 2~3개	프리+콘트라
영양 효모 1작은술	포스트
소금 및 후추 1작은술씩, 올리브유(엑스트라 버진) 2큰술	

준비

- 늙은 호박은 씨와 함께 속을 파내고 스팀으로 익힌다. 그중 반은 뼈 육수와 블렌더에 넣어 잘 갈아 기본 국물(호박뼈 육수 국물)을 만들고, 반은 2cm 큐브 형태로 자른다.
- 소고기(안심)는 3cm 크기의 큐브 형태로 자른 다음 달군 팬에 겉면만 살짝 굽는다.
- 샬롯은 2등분하고, 당근·무·파스닙은 2cm 크기의 큐브 형태로 자른 다음 팬에 기름을 두르지 않고 겉면만 살짝 익힌다.
- 마늘은 다지고, 브로콜리는 작게 썬다.

만들기

1. 큰 소스 팬에 준비해둔 호박, 소고기, 샬롯, 당근, 무, 파스닙, 호박을 넣고, 호박뼈 육수 국물을 부어 채소가 부드러워지도록 중간 불에서 10~15분 정도 뭉근히 끓인다.
2. 영양 효모, 소금, 후춧가루를 넣어 간을 맞춘다. 마지막에 브로콜리를 넣고 한 번 더 끓인다.
3. 먹기 직전 올리브유를 뿌린다.

맑은 버섯스튜

재료

자른 버섯 세 가지 종류 2컵, 셀러리 1줄기	프리+콘트라
닭 가슴살 150g	
닭 육수(레시피 p.50 참조) 3컵	
저장 레몬즙(레시피 p.135 참조) 1~2작은술	프로+포스트+콘트라
레몬 1/4개, 로즈메리 약간, 타임 허브 약간	프리+콘트라
소금 및 후추 1작은술씩, 올리브유(엑스트라 버진) 2큰술	

준비

- 세 가지 버섯은 모양 내어 자른다.
- 셀러리는 1cm 두께로 가로썬다.
- 닭 가슴살은 스팀으로 익힌 다음 깍둑 썬다.
- 후추는 통후추를 바로 갈아 사용하고, 레몬은 얇게 슬라이스한다.

만들기

1. 육수에 버섯, 셀러리를 넣고 5분간 중간 불에서 끓인다.
2. 스팀으로 익힌 닭 가슴살과 소금을 넣고 약한 불에서 5분간 저어가며 끓인다.
3. 불을 끈 다음 저장 레몬즙으로 간을 맞춘다.
4. 그릇에 담기 직전 후춧가루, 로즈메리, 타임, 레몬 슬라이스로 장식하고 올리브유를 뿌린다.

토마토소고기스튜

재료

토마토 3개, 감자(중) 1/2개	프리
갑각류 육수(레시피 p.51 참조) 2컵	
셀러리 1/2대, 바질 잎 2장, 양파 1/3개, 마늘 2쪽	프리+콘트라
소고기 안심 100g	
영양 효모 1작은술	포스트
토마토 페이스트(레시피 p.69 참조) 1/2컵	프리
소금 1작은술, 올리브유(엑스트라 버진) 2큰술, 후추 조금	

준비

- 토마토는 데쳐 껍질을 벗긴 다음 깍둑 썬다.
- 셀러리는 0.5cm 두께로 가로썬다.
- 소고기는 먹기 좋은 크기로 깍둑 썬다.
- 양파와 감자는 소고기 크기에 맞춰 썬다.
- 마늘은 다진다.

만들기

1 팬에 소고기, 양파, 감자를 넣고 육수를 부어 살짝 볶다가 분량의 육수 반(1컵)을 붓고 5분간 끓인다.
2 토마토 페이스트, 셀러리, 다진 마늘을 넣고 나머지 육수를 마저 부어 5분간 더 끓인다.
3 썰어놓은 토마토를 넣고 3~5분 정도 더 끓인다.
4 영양 효모와 후춧가루를 넣고, 채 썬 바질 잎으로 장식한다. 먹기 직전 올리브유를 살짝 뿌린다.

마이크로바이옴 하모니,
한 끼 차림

조절된 면역력과 원활한 대사작용 및 정신 건강을 이루는 심바이오시스뿐만 아니라 영양적 가치와 풍미의 균형을 고려한 한 끼 식이를 모았다.

비트구이 세트 : 비트, 흑미, 블루베리, 산딸기 등 안토시아닌과 폴리페놀이 풍부한 프리바이오틱스를 주로 사용한 항산화 식이 세트. 콤부차, 샐러드 드레싱, 치즈 등으로 프로바이오틱스를 함유하고, 단백질은 닭고기로 공급하는 식이.

마낫토 세트 : 낫토균을 프로바이오틱스로 하는 콩 발효식품인 낫토, 그리고 낫토와 잘 어울리는 식재료인 마, 토마토, 아보카도를 프리바이오틱스로 곁들인 식이 세트. 코코넛 망고 스무디로 기분좋은 끝맛을 완성하는 식이.

미트볼 세트 : 프리 및 콘트라바이오틱스 채소와 소고기 단백질을 스팀으로 익힌 미트볼과 통오곡 프리바이오틱스를 샐러드화한 식이 세트. 총각무와 양배추의 황 함유 파이토케미컬은 바이러스에 대항하는 면역기능 향상에 도움을 주는데, 발효음식(총각무피클)과 수프(양배추수프) 형식으로 담아냈고, 콤부차로 프로바이오틱스를 보충하는 식이.

된장밥 세트 : 육수에 볶은 된장밥은 프리 및 포스트바이오틱스가 함유되어 있고, 프리 & 콘트라바이오틱스인 냉이는 된장밥과 어울리는 식재료로 고명으로 쓴다. 물김치와 삭힘고추로 식이에 프로바이오틱스의 비율을 높였으며 순두부계란으로 단백질을 강화한 식이 세트.

새우다시마말이 세트 : 해산물(새우, 해초)로 단백질과 프리바이오틱스를 공급하는 식이. 프리 및 프로바이오틱스가 풍부한 차가운 오이수프를 곁들여 더운 시기어 어울리는 식이 세트. 생강피클을 곁들여 프리, 프로 및 콘트라바이오틱스를 공급하고 너무 찬 성질의 음식이 되지 않도록 했으며, 서서히 혈당을 올리는 에너지원이면서 훌륭한 프리바이오틱스인 쪄서 식힌 고구마가 포함된 식이.

돼지고기수육 세트 : 탄수화물(주먹밥), 단백질(돼지고기) 및 채소(상추, 케일 등)의 프리바이오틱스 가득한 일반 영양식이에 된장국으로 포스트바이오틱스를 더하고, 삭힘마늘로 프리, 프로 및 포스트 바이오틱스를 보충했으며, 프리 및 프로바이오틱스를 가진 삭힘고추어간장 소스의 매력에 빠지는 식이 세트.

어니언에그 세트 : 양파에 달걀을 풀지 않고 그대로 넣고 케일 채를 얹어 프리 및 콘트라 바이오틱스와 단백질을 함께 섭취하는 식이. 당근의 카로티노이드, 브로콜리니 및 청대콩의 클로로필, 파스닙 및 히카마의 플라보노이드, 래디시 및 블루베리의 안토시아닌 등 각종 파이토케미컬의 프리바이오틱스가 풍부한 식이 세트.

부추쇠고기안심구이 세트 : 단백질은 소고기, 황 함유 프리바이오틱스 채소는 부추와 앤다이브, 그리고 다양한 종류의 프로바이오틱스를 발사믹 양파, 오이피클 및 케피어주스로 공급해주는 식이 세트. 쇠고기와 어울리는 프리 및 콘트라바이오틱스 식재료인 버섯은 수프 형태로 만든 식이.

깍두기볶음밥 세트 : 멸치 육수를 이용해 깍두기와 밥을 볶아 프리, 프로 및 포스트바이오틱스를 포함시켰고, 볶는 동안 죽는 깍두기의 프로바이오틱스는 생강피클이 보충한 식이 세트. 프리바이오틱스인 채소 가득한 고기꼬치와 갑각류채소탕을 함께 먹으면 어울리며, 코코넛 밀크는 매운맛을 걷어줄 수 있는 마무리가 되는 식이 조합 세트.

구운 감자 세트 : 구운 감자와 곁들일 때 어울리는 그릭요거트로 프로바이오틱스를 공급하는 식이인데 소금에 절인 셀러리로 간을 맞췄으며, 일반 카프레제와 달리 미리 토마토를 비네그레트에 절여 프리, 프로, 포스트 및 콘트라바이오틱스를 함께 제공하는 식이 세트.

렌틸콩채소밥 세트 : 프리바이오틱스로 콩류를 주로 섭취하게 하는 식이로, 밥 위에 콩이 아닌 콩 위에 밥을 콘셉트로 해 쌀 대신 프리바이오틱스 콜리플라워를 밥처럼 만들어 고명으로 얹은 것이 특징인 식이 세트. 프리바이오틱스 가득한 자색고구마수프를 곁들였으며 파스닙 카나페와 망고에이드로 프리 및 프로바이오틱스를 공급하는 식이.

닭육수온반 세트 : 따뜻한 프리바이오틱스 온반과 몸을 따뜻하게 하면서 바이러스 대항에 이로운 마늘, 무, 브로콜리, 피망의 프리 및 콘트라바이오틱스 샐러드를 함께 하면 추운 날씨에 더할 나위 없이 훌륭한 식이 세트. 프리 및 프로바이오틱스 가득한 김치와 코코넛 밀크 요거트는 필요한 마이크로바이옴 식이 기능을 보완.

Part 08

비트구이 세트

비트구이 + 호두치즈가니시 + 치킨로메인샐러드 +
당근수프 + 콤부차블루베리산딸기에이드

비트구이

재료

비트 1개, 마늘 2쪽, 양파 1/4개, 버섯 1/4컵, 흑미콩밥 2작은술	프리+콘트라
된장 2작은술	프로+프리+포스트
영양 효모 1작은술	포스트
향신 재료 가루 소금, 파프리카가루, 겨자가루, 강황가루 1/2작은술씩	콘트라
호두치즈 가니시(레시피 p.192 참조) 2작은술	프리+포스트
올리브유(엑스트라 버진) 1큰술	

준비

- 비트는 짧고 가늘게 채 썬다.
- 마늘, 양파, 버섯은 잘게 다진다.
- 검은콩과 흑미를 섞어 흑미콩밥을 만든다.
- 분량의 소금, 파프리카가루, 겨자가루, 강황가루를 잘 섞어놓는다.

만들기

1. 분량의 흑미콩밥을 으깬 다음 채 썬 비트와 다진 마늘, 양파, 버섯을 넣고 잘 섞는다.
2. ①에 된장, 영양 효모, 향신 가루를 모두 넣고 버무린 다음 납작한 볼 형태로 빚는다.
3. 오븐 팬에 올려 180℃로 예열한 오븐에서 20분 정도 굽는다.
4. 호두치즈 가니시로 장식하고, 올리브유는 먹기 직전 살짝 뿌린다.

호두치즈가니시

재료

경치즈 30g (파르미지아노 레지아노 치즈 추천)	포스트
마늘 3쪽	프리+콘트라
호두 5알	프리
후춧가루 1작은술	콘트라
올리브유(엑스트라 버진) 2작은술	

준비

- 파르미지아노 레지아노 치즈를 강판에 갈거나 블렌더에 곱게 간다.
- 마늘과 호두는 잘게 다진다.

만들기

1. 잘게 간 치즈에 다진 호두와 마늘을 넣고 잘 섞는다.
2. 먹기 직전 올리브유를 버무리듯 섞는다.

치킨로메인샐러드

재료

로메인 2~3장, 레드 치커리 1~2장	프리
절인 올리브 4알, 레몬 1/3개	프리+콘트라
닭 가슴살 50g	
후춧가루 1/2작은술	콘트라
홀푸드 마요네즈(레시피 p.70 참조) 2큰술	프리+프로 콘트라+포스트

준비

- 로메인과 레드 치커리는 10cm 길이로 자른다.
- 닭 가슴살은 스팀으로 익힌 뒤 팬에서 겉면만 살짝 굽는다. 그런 다음 1cm 두께로 슬라이스한다.

만들기

1. 손질한 채소와 올리브를 볼에 담고, 슬라이스한 닭 가슴살을 위에 얹고 후춧가루를 뿌린다.
2. 레몬과 드레싱을 곁들여 완성한다.

당근수프

재료

당근 1개, 양파 1/2개, 다진 생강 1작은술, 라임 1/2개	프리+콘트라
채소수(레시피 p.49 참조) 1½~2컵	
강황가루 1/2큰술	콘트라
후춧가루, 소금 1/2작은술씩	
코코넛 밀크 1/2컵	프리
올리브유(엑스트라 버진) 1큰술	

준비
- 당근과 양파는 잘게 썬다.
- 라임은 즙을 낸다.

만들기
1. 잘게 썬 당근, 양파, 생강에 채소수 1컵을 넣고 중불에서 5분간 끓이다 소금과 나머지 채소수를 마저 붓고, 약한 불에서 가끔 저으며 뚜껑을 닫은 채 10분간 더 뭉근히 익힌다.
2. 익힌 채소와 코코넛 밀크를 섞어 블렌더로 간 다음 후춧가루, 강황가루, 라임즙을 넣고 섞어 완성한다.
3. 먹기 직전에 올리브유를 살짝 뿌린다.

콤부차블루베리 산딸기에이드

재료

과일즙 10큰술(블루베리, 산딸기)	프리+콘트라
생벌꿀 1큰술	프리+콘트라
1차 발효 콤부차액 1L	프로+포스트

준비
- 블루베리, 산딸기를 블렌더로 갈아 체에 걸러 큰 건더기를 제거하고 즙을 만든다.(주서기를 사용해도 된다.)
- 즙과 꿀을 섞는다.

만들기
1. 250ml들이 작은 병에 꿀과일즙을 2큰술씩 나눠 담고, 여기에 1차 발효 콤부차를 각각의 병에 80%쯤 채운다.
2. 탄산이 빠져나가지 않도록 뚜껑을 꼭 닫아 24~48시간 상온에서 발효시킨 다음 냉장 보관한다. 뚜껑을 열 때 탄산이 나올 수 있으므로 주의한다.

마낫토 세트

마낫토 + 마비트샐러드 + EAT DISH + 망고스무디

마낫토

재료

재료	구분
낫토 1팩	프리+프로+포스트
마 50g, 김 1/4장	프리
쪽파 1대	프리+콘트라
맛간장(레시피 p.61 참조) 1작은술	프리+콘트라+포스트
참기름, 참깨 약간(기호에 따라 사용)	

준비

마는 갈아서 준비하고, 김은 가늘게 채 썰고, 쪽파는 송송 썬다.

만들기

1. 오목한 그릇에 맛간장과 참기름을 넣고, 그 위에 잘 섞은 낫토를 담는다.
2. 갈아놓은 마를 낫토 위에 얹고, 준비한 김과 쪽파로 장식한다.

TIP

- 마를 채 썰어 사용해도 된다.
- 먹을 때는 잘 섞어 먹는다.

마비트샐러드

재료

비트 1/4개, 마 50g	프리
애플 사이다 비니거 비네그레트(레시피 p.57 참조) 3작은술	프로+프리+ 콘트라+포스트

만들기

1. 비트와 마는 먹기 좋은 크기로 깍둑 썬 다음 기름을 두르지 않은 팬에서 굽듯이 살짝 익힌다.
2. 비네그레트 드레싱에 구운 마와 비트를 버무린다.

TIP
잣을 몇 알 뿌려 장식해도 좋다.

EAT(에그아보카도 토마토)DISH

재료

달걀 1개, 아보카도 1/2개, 토마토 1/2개	프리

만들기

1. 기름 없는 팬 위에 깬 달걀을 넣고 약불에서 반숙으로 익힌다.
2. 아보카도는 길게 이등분해 껍질과 씨를 제거하고 아치형으로 자른다.
3. 토마토는 데치거나 스팀으로 익힌 후 껍질을 벗기고 조각배 모양으로 자른 후 아보카도와 함께 낸다.

망고스무디

재료

망고 조각 1컵, 바나나 1/2개, 코코넛 밀크 1/2컵	프리
코코넛 오일 2작은술, 물 1/2컵, 얼음 적당량	

만들기

1. 망고 조각, 바나나, 물, 코코넛 오일, 코코넛 밀크를 넣고 블렌더로 간다.
2. 얼음을 넣고 함께 갈면 좀 더 시원하게 즐길 수 있다.

TIP
민트 잎을 다져 위에 얹으면 좋다.

미트볼 세트

미트볼 + 오곡샐러드 + 양배추수프 + 총각무피클 + 콤부차키위에이드

미트볼

재료

다진 소고기 200g	
다진 마늘 및 다진 레몬 껍질 1작은술씩	프리+콘트라
다진 절임 올리브 1/2작은술	프리+포스트+콘트라
감자 전분 1큰술, 후춧가루 1/2작은술	프리+콘트라
뼈 육수(레시피 p.48 참조) 1/2컵	
시금치 2줄기, 깻잎 4장	프리
레몬즙 1큰술	프리+콘트라
소금 1작은술, 올리브유(엑스트라 버진) 2큰술	

준비

분량의 다진 소고기, 마늘, 절임 올리브, 레몬 껍질, 감자전분, 소금(1/2작은술), 후춧가루를 잘 섞어 미트볼을 빚은 다음 스팀에 쪄 익힌다. 익은 미트볼을 팬에 올리고 겉면만 살짝 굽는다.

만들기

1. 큰 소스 팬에 분량의 뼈 육수와 레몬즙, 소금(1/2작은술)을 넣고 한 번 끓인다.
2. 미트볼을 넣고 저어가면서 끓이듯 볶는다.
3. 시금치와 깻잎을 마저 넣고 한 번 더 국물에 살짝 볶아 완성한다.
4. 먹기 직전 올리브유를 살짝 뿌린다.

오곡샐러드

재료

현미(또는 백미) 1/3컵, 조 1큰술, 율무 1큰술, 퀴노아 1큰술, 아마란스(또는 수수) 1큰술	프리
소금 1/2작은술	
물 1컵	
양파 1/5개, 쪽파 1대	프리+콘트라
들기름 4큰술	
총각무 피클 1개	프리+프로+포스트+콘트라

준비

- 압력밥솥에 현미, 조, 율무, 퀴노아, 아마란스와 물을 넣고 분량의 소금을 첨가해 밥을 짓는다.
- 양파는 잘게 다지고, 쪽파는 잘게 썬다.
- 총각무 피클도 잘게 다진다.

만들기

1. 밥이 뜨거운 상태일 때 다진 양파를 넣어 3분간 가볍게 익힌다.
2. 양파, 밥을 볼에 담은 다음 여러 번 저어가며 식힌다.
3. 잘게 다진 총각무 피클을 넣고 분량의 들기름을 첨가해 버무리듯 섞는다.
4. 잘게 썬 쪽파를 얹어 장식한다.

총각무피클

레시피 p.139 참조

양배추수프

재료

양배추 1/4개, 딜 허브 5~6조각	프리+콘트라
콜리플라워 작은 송이 2개, 양파 1/2개	프리+콘트라
닭 육수(레시피 p.50 참조) 1½~2컵	
우유(a2 우유 또는 산양유) 1/2컵(우유 대신 코코넛 밀크 사용 가능)	프리
소금 1/2작은술, 올리브유(엑스트라 버진) 1큰술	

준비

양배추, 콜리플라워, 양파는 잘게 썬다.

만들기

1. 잘게 썬 양파에 육수 1/2컵을 붓고 약불에서 5분간 끓이다 콜리플라워, 양배추, 나머지 육수를 마저 붓고 약불에서 가끔씩 저으며 15분간 더 뭉근히 익힌다.
2. 소금, 우유를 넣고 살짝 끓여 블렌더로 곱게 간다.
3. 딜로 장식하고, 먹기 직전에 올리브유를 살짝 뿌린다.

콤부차키위에이드

재료

키위즙 10큰술	프리+콘트라
생벌꿀 1큰술	프리+콘트라
1차 발효 콤부차액 1L	프로+포스트

준비

- 키위를 블렌더로 갈아 체에 걸러 큰 건더기를 제거하고 즙을 만든다.(주서기를 사용해도 된다.)
- 즙과 꿀을 섞는다.

만들기

1. 250ml들이 작은 병에 꿀과일즙을 2큰술씩 나눠 담고, 여기에 1차 발효 콤부차를 각각의 병에 80%쯤 채운다.
2. 탄산이 빠져나가지 않도록 뚜껑을 꼭 닫아 24~48시간 상온에서 발효시킨 다음 냉장 보관한다. 뚜껑을 열 때 탄산이 나올 수 있으므로 주의한다.

된장밥 세트

된장밥 + 순두부계란찜 + 간장삭힘고추 + 열무물김치

된장밥

재료

샬롯 2개, 다진 생강 1작은술	프리+콘트라
당근 1/5개, 영양부추 2~3줄기	프리+콘트라
영양 효모 1작은술, 된장 1큰술	프리+프로+포스트
향신 재료 강황가루, 고수가루, 칠리가루 각 1/4작은술씩	프리+콘트라
밥 1컵	프리
채소수(레시피 p.49 참조) 1컵	
들기름 2큰술	
냉이 2~3뿌리	프리+콘트라

준비

- 샬롯, 생강, 당근은 다진다.
- 냉이는 소금물에 데친다.
- 영양부추는 짧게 잘라둔다.

만들기

1. 다진 샬롯, 생강, 당근에 채소수(1/2컵)를 넣어 3분간 볶는다.
2. 된장, 향신가루, 나머지 채소수를 넣고 되직하게 끓인다.
3. 밥과 영양 효모를 넣고 볶다가 마지막에 영양부추를 넣어 살짝 볶고 불을 끈다.
4. 마무리로 들기름을 추가해 한 번 더 버무린다.
5. 데친 냉이를 썰어 밥 위에 장식한다.

순두부계란찜

재료

당근 조금(베이비 당근으로 대체 가능)	프리+콘트라
완두콩 4~5알(부추나 녹색 채소로 대체 가능)	프리+콘트라
쪽파 1대	프리+콘트라
달걀 2개	
채소수(레시피 p.49 참조) 1/2컵, 소금 1/2작은술	
순두부 100g	프리
강황가루 1/2작은술	프리+콘트라
참기름 1/2큰술	

준비
- 당근은 잘게 다진다.(베이비 당근의 경우 가로로 슬라이스한다.)
- 채소수에 달걀을 풀고 소금과 강황가루를 넣어 거품기로 저은 뒤 채에 걸러 달걀물을 만든다.

만들기
1. 찜 용기 안쪽에 참기름을 살짝 발라놓는다.
2. 준비해둔 순두부계란물을 반쯤 넣은 다음, 순두부를 티스푼으로 떠 넣는다.
3. 당근과 완두콩, 파를 얹어 용기 뚜껑을 닫아 찜기에서 10~15분간 찐다.

간장삭힘고추

만들기
1. 1차 삭힘고추를 만드는 방법은 소금물 삭힘고추 만드는 방법(레시피 p.131 참조)과 동일하다.(단, 소금의 양을 2큰술 정도 덜어내고 삭힘물을 만든다.)
2. 2차 삭힘물을 끓일 때 맛간장(레시피 p.61 참조) 1/2컵과 사탕수수 원당(1큰술)을 첨가해 만든다.
3. 충분히 식힌 다음 1차 삭힘고추가 들어 있는 용기에 다시 부어 냉장 보관한다.

TIP
일반 양조간장을 이용할 경우, 원당을 1큰술 더 첨가한다.

열무물김치

재료

열무 1kg	프리
절임물 재료 소금 200g, 멸치액젓 1/2컵, 물 2L	
다시마 채소수 재료 무 1/3개, 대파 뿌리 4개, 양파 1개, 건표고버섯 4개, 5cm 크기 다시마 3장, 물 3L, 소금 1큰술	프리+콘트라
양념 재료 마늘 6쪽, 생강 8g, 배 1/4쪽, 홍고추 3개, 쪽파 10대, 히카마 200g	프리+콘트라
식은 죽(보리밥 3큰술, 물 1컵) 1컵	프리
소금 3큰술(간 맞출 때 사용)	

준비

- 열무는 다듬어 6cm 길이로 자른 뒤 절임물에 10분간 절인다. 골고루 절이기 위해 중간에 한두 번 뒤집고, 절여지면 물에 재빨리 헹군 다음 체에 밭쳐 물기를 뺀다. 절임물은 버리지 않는다.
- 분량의 무, 양파, 대파(파 뿌리도 사용), 건표고버섯을 큼직하게 자른 다음 물에 넣어 센 불에서 10분, 중불에서 20분 끓인다. 이어 다시마를 넣고 약한 불에서 10분 정도 더 끓인다. 이후 채소들을 걸러낸 다음 완전히 식혀 김칫국물에 쓸 다시마 채소수를 만든다.
- 보리밥과 물 1컵으로 죽을 쑤어 식힌다.
- 식은 죽, 마늘, 생강, 배, 히카마를 함께 넣고 블렌더에 갈아 즙을 내고, 체에 걸러 김칫국물을 만든다. 이때 열무 절인 물을 조금 넣으면 분쇄가 쉽다.

만들기

1. 준비한 다시마 채소수에 분쇄하여 거른 양념 재료를 섞어 김칫국물을 만들고, 소금으로 간을 맞춘다.
2. 절인 열무를 큰 통에 2/3쯤 채우고, 어슷 썰어 씨를 뺀 홍고추와 적당히 잘라놓은 파를 추가한다.
3. 모든 재료가 잠기도록 김칫국물을 넉넉하게 붓는다. 뚜껑을 닫은 상태로 상온(25℃)에 반나절 두었다가 냉장 보관한다.

TIP

- 빨간 물김치는 고운 고춧가루 3큰술을 면포에 넣고 채소수에서 조물조물 문질러 고춧물을 내어 만든다.
- 갑상선 이상이 있는 사람은 다시마를 빼고 김칫국물 채소수를 만들어 사용한다.

새우다시마말이 세트

새우다시마말이(+간장초소스) + 해초샐러드 +
콜드오이수프 + 생강피클 + 찐고구마

새우다시마말이

재료

당근 1/3개, 아스파라거스(가는 것) 15줄기	프리+콘트라
소금 1작은술, 새우(중대 크기) 5마리	
생다시마 5장	프리
저장 레몬즙(레시피 p.135 참조) 1큰술	프로+포스트+콘트라
간장초 소스(레시피 p.59 참조) 3큰술	프리+프로+포스트+콘트라

준비

- 당근은 아스파라거스 길이로 채 썰고, 아스파라거스와 함께 스팀으로 익힌 뒤 소금을 뿌려놓는다.
- 새우는 스팀으로 익힌 다음 저장 레몬즙으로 버무려놓는다.
- 다시마는 10cm 정사각형으로 자른다.

만들기

1. 다시마에 당근채, 아스파라거스, 새우를 넣고 돌돌 말아준다.
2. 간장초 소스를 곁들인다.

해초오이샐러드

재료

건해초 20g, 다진 생강 1작은술	프리+콘트라
오이 1/2개, 무순 10가닥	프리+콘트라
와사비 비네그레트 2큰술	프리+프로+ 포스트+콘트라

준비
- 건해초는 물에 10분간 불린 다음 체에 건져 굵게 채 썬다.
- 오이 표면을 베이킹소다로 깨끗이 닦고 동그랗게 썬다.
- 애플 사이다 비니거 비네그레트(레시피 p.57 참조) 2큰술에 와사비 1/3 작은술을 넣어 와사비 비네그레트를 만든다.

만들기
1. 불린 해초, 다진 생강을 볼에 담아 버무리듯 섞는다.
2. 오이를 아래 깔고 생강무침 해초류와 무순을 얹고 와사비 비네그레트 드레싱을 뿌린다.

생강피클

재료

생강 250g	프리+콘트라
담금물 재료 소금 2큰술, 사탕수수 원당 1/2큰술, 청주식초(다른 식초 대체 가능) 1/3컵, 물 1/2컵	프리+포스트
향신 재료 쪽파 3~4뿌리	프리+콘트라

준비

생강을 둥근 모양으로 다듬는다.

만들기
1. 준비된 생강을 유리용기에 90% 정도 채워 담는다.
2. 물, 소금, 원당을 섞어 끓여 담금물을 만든다. 여기에 식초를 첨가하고 뜨거운 상태로 준비한다.
3. 생강을 넣은 유리용기에 뜨거운 담금물을 붓고 쪽파를 얹어 뚜껑을 닫는다. 그 상태에서 소금물로 생강이 버무려지도록 잘 흔들어 실온에 1~2시간 두었다가 냉장고에 넣는다.
4. 냉장 보관하며 필요할 때 꺼내 쓴다.

콜드오이수프

재료

오이 1개, 아보카도 1/2개	프리
마늘 1쪽, 생강 3g, 양파 1/4개	프리+콘트라
달걀노른자 1개	
케피어 발효수(레시피 p.153 참조) 1½컵	프로+포스트
레몬즙 1큰술, 민트 잎 약간	프리+콘트라
소금 1/2작은술, 올리브유(엑스트라 버진) 1큰술	

준비

- 아보카도는 반으로 잘라 씨와 껍질을 제거한 뒤 슬라이스로 2~3개 썰고, 나머지는 으깬다.
- 오이는 베이킹파우더로 문질러 씻고, 씨 부분을 제거한 뒤 조각내듯 썬다.
- 생강, 마늘, 양파는 모두 잘게 썬 다음 팬에 넣고 케피어 발효수 1/4컵을 더해 약한 불에서 2분간 볶듯이 익힌다.

만들기

1. 으깬 아보카도, 조각낸 오이, 익힌 양파·생강, 마늘, 소금, 달걀노른자에 나머지 케피어 발효수를 넣고 블렌더에 수프 형태로 간다.
2. 마지막에 레몬즙을 넣어 섞고, 아보카도 슬라이스와 민트로 장식한다. 차게 먹는 수프라서 따뜻하게 데울 필요는 없고, 먹기 직전 올리브유를 뿌린다.

찐고구마

만들기

고구마를 깨끗이 씻어 찐다.

TIP

음료가 필요하면 케피어 발효수를 곁들인다.

돼지고기수육 세트

돼지고기수육 + 래디시주먹밥 + 상추케일샐러드 +
간장삭힘마늘 + 달래된장국

돼지고기수육

재료

돼지고기 어깨살 300g	
채소수(레시피 p.49 참조) 3컵	
향신 재료 마늘가루 1작은술, 큐민가루 1작은술, 오레가노가루 1/2작은술, 고수가루 1작은술, 월계수 잎 2장, 양파 1/3개	프리+콘트라
삭힘고추 어간장 소스(삭힘고추 1개, 홍고추 1/2개, 쪽파 적당량, 어간장 2큰술, 애플 사이다 비니거 1작은술) 3작은술	프리+프로+ 포스트+콘트라

준비

삭힘고추와 홍고추의 씨를 빼고 다진 뒤 어간장과 애플 사이다 비니거를 섞고 쪽파를 썰어 넣어, 삭힘고추 어간장 소스를 만든다.

만들기

1. 돼지고기 어깨살은 끓는 물에 통째로 1~2분 데친 뒤 빼내, 향신 재료들을 잘 섞어 두툼하게 썬 고기에 발라 20~30분 재워둔다.
2. 솥에 채소수와 향신 재료에 재운 고기, 월계수 잎, 양파를 넣고 고기가 익을 때까지 약한 불에서 뭉근하게 익힌다.
3. 익은 고기를 꺼내 보기 좋게 찢은 다음 접시에 담고, 삭힘고추 어간장 소스를 곁들인다.

래디시주먹밥

재료

래디시 2개	프리+콘트라
소금 1작은술	
흰밥, 흑미밥 각 2큰술씩	프리
다진 당근·양파·호박 1작은술씩	프리+콘트라
채소수(레시피 p.49 참조) 2큰술, 참기름 또는 들기름 2작은술	

준비
- 래디시는 채 썰어 소금에 살짝 절인 후 물기를 제거한다.
- 다진 당근, 양파, 호박을 채소수에 볶아 익힌다.

만들기
1. 다져서 익힌 채소들을 반으로 나눠 반은 흰밥과 참기름(1작은술), 소금(1/3작은술)을 섞어 주먹밥을 만든다. 나머지 반은 흑미밥과 같은 방법으로 주먹밥을 만든다.
2. 래디시 채를 주먹밥 위에 토핑으로 얹는다.

상추케일샐러드

재료

상추 2장, 시금치 2줄기, 적근대 2장, 양파 1/8개, 케일 1장	프리+콘트라

만들기
상추·시금치·적근대는 먹기 좋게 자르고, 양파와 케일은 채 썰어 같이 섞고, 먹기 직전 삭힘고추 어간장 소스(레시피 p.211 참조)를 뿌린다.

달래된장국

만들기
갑각류 육수(레시피 p.51 참조, 2컵)에 된장(1큰술)을 풀고, 불에 올려 끓으면 달래(50g)를 넣어 한 번 더 끓여 완성한다.

간장삭힘마늘

재료

풋마늘 10통(5월 수확된 삭힘용 풋마늘)	프리+콘트라
삭힘물 식초 1½컵, 물 1½컵, 천일염 2큰술	포스트
맛간장(레시피 p.61 참조) 3큰술	프리+포스트+콘트라
사탕수수 원당 1큰술	프리

준비

- 마늘은 속껍질 한 겹을 남긴 상태에서 손질해 씻은 다음 체에 밭쳐 물기를 뺀다.
- 식초, 물, 천일염을 잘 섞어 삭힘용 식촛물을 만든다.

만들기

1. 유리용기에 마늘을 담고 준비해둔 식촛물을 마늘이 잠기도록 붓는다. 재료가 뜨지 않도록 무거운 것으로 눌러놓는다.
2. 상온에 1주일 정도 두었다가 식촛물만 다시 빼내 간장과 원당을 넣어 끓인다.
3. 완전히 식은 상태에서 1차 삭힘마늘이 들어 있는 용기에 다시 붓고, 상온에 1주일 정도 둔다. 이후에는 냉장 보관한다.
4. 하나를 꺼내 가로로 잘라 접시에 담는다.

어니언에그 세트

어니언에그 + 브로콜리파스닙샐러드 +
청대콩히카마수프+ 래디시피클 + 코코넛블루베리스무디

어니언에그

재료

양파 1개, 시금치 3~4줄기	프리+콘트라
케일 채 볶음 재료 케일 1~2잎, 소금 1/2작은술, 채소수(레시피 p.49 참조) 1/4컵	프리+콘트라
바질 페스토 4작은술	프리+콘트라
달걀(방목 달걀) 2개, 올리브유 2큰술	

준비
- 양파는 가로로 이등분해 스팀으로 5분간 익힌다.
- 채소수에 채 썬 케일을 넣고 숨이 죽도록 잠깐 볶다가 소금을 추가해 살짝 더 볶는다.

만들기
1. 양파의 가운데 부분을 드러내고 생긴 안쪽에 볶은 케일 재료를 밑에 넣어 간다.
2. 시금치 잎을 얹고 그 위에 달걀을 깨서 얹는다.
3. 바질 페스토로 달걀 주변을 장식한다.
4. 180℃ 정도로 예열한 오븐에서 20분간 익힌다.

TIP
바질 페스토 만들기
잣(1/2컵), 마늘(3쪽), 소금(1작은술)을 블렌더에 넣어 가루로 만들고, 이것을 갈아놓은 치즈(파르미지아노 레지아노 1/2컵), 다진 바질 잎(3컵), 올리브유(3/4컵)와 함께 블렌더에 넣고 섞는다. 이후에는 냉장 보관한다.

청대콩히카마수프

재료

히카마 200g, 청대콩 20알, 양파 1/2개	프리+콘트라
닭 육수(레시피 p.50 참조) 1½~2컵	
소금 1/2작은술	
우유 1/2컵(a2 우유 또는 산양유, 코코넛 밀크 대체 가능)	프리
건바질가루 1/2작은술(건파슬리가루 대체 가능)	프리+콘트라
올리브유(엑스트라 버진) 1큰술	

준비

- 히카마, 양파는 잘게 썬다.
- 청대콩은 압력으로 미리 익힌 후 껍질을 까놓는다.

만들기

1. 잘게 썬 양파에 육수 1/2컵을 붓고 약불에서 5분간 끓이다 히카마, 익힌 청대콩, 나머지 육수를 마저 붓고 약한 불에서 가끔씩 저으며 15분간 더 뭉근히 익힌다.
2. 소금, 우유를 넣고 살짝 끓여 블렌더에 곱게 간다.
3. 건바질가루를 뿌리고, 먹기 직전에 올리브유를 살짝 뿌린다.

브로콜리니파스닙 샐러드

재료

브로콜리니 3~4줄기, 당근 1/2개, 파스닙 1/4개	프리+콘트라
애플 사이다 비니거 비네그레트(레시피 p.57 참조) 2큰술	프리+프로+ 콘트라+포스트

만들기
채소들을 길게 잘라 스팀으로 익히고, 비네그레트 소스를 뿌린다.

블루베리스무디

재료

냉동 블루베리 10알, 코코넛 밀크 1컵	프리

만들기
코코넛 밀크에 냉동 블루베리를 넣고 갈아 스무디를 만든다.

래디시피클

레시피 p.139 참조

부추소고기안심구이 세트

부추소고기안심구이(+양파발사믹절임) +
퀴노아앤다이브샐러드 + 버섯수프 + 오이피클 +
사과당근케피어주스

부추소고기 안심구이

재료

재료	
소고기 안심 100g	
영양부추 10가닥	프리+콘트라
양파 발사믹 절임(레시피 p.220 참조) 2큰술	프리+포스트+콘트라
소금 및 후추 1/2작은술씩	콘트라

준비

소고기 안심은 후춧가루와 소금을 뿌려 스팀으로 5분 익힌 뒤, 팬에 겉만 살짝 구워 2×2×8cm 크기로 먹기 좋게 자른다.

만들기

1. 양파 발사믹 절임을 밑에 깔고, 그 위에 소고기를 가지런히 담는다.
2. ① 위에 영양부추를 먹기 좋은 크기로 잘라 얹고, 후추를 조금 뿌린다.

TIP

필요에 따라 소고기 안심구이의 양을 조금 늘려도 된다.

퀴노아앤다이브 샐러드

재료

래디시 2개	프리+콘트라
적색 및 백색 앤다이브 1포기씩	프리
퀴노아 밥 재료 쌀 1/2컵, 퀴노아 1/3컵, 흑미 1큰술, 율무 1큰술, 소금 1작은술, 올리브유 2큰술	
검은콩 소스 및 병아리콩 소스(레시피 p.63~64 참조) 1~2큰술씩	프리+콘트라+포스트

준비

- 래디시는 다진다.
- 적색·백색 앤다이브는 한 잎씩 떼어 씻고 찬물에 담갔다가 사용 전 물기를 뺀다.
- 분량의 쌀, 퀴노아, 흑미, 율무를 섞어 압력밥솥에서 밥을 한다.

만들기

1. 다진 래디시를 퀴노아 밥과 올리브유를 넣어 잘 섞는다.
2. 적색 앤다이브 한 잎에 퀴노아 밥을 1큰술 담고, 소스를 선택해 그 위에 얹는다.
3. 백색 앤다이브 한 겹을 밑에 더 추가한다.

양파발사믹절임

재료

양파 1/2개, 발사믹 식초 1큰술, 소금 1/3작은술, 올리브유(엑스트라 버진) 1큰술	프리+포스트+콘트라

만들기

양파를 채 썬 다음 발사믹 식초, 소금을 넣고 10분간 절인 다음 올리브유를 넣어 버무린다.

오이피클

레시피 p.136 참조

버섯수프

재료

표고버섯 1개, 양송이버섯 2개, 양파 1/2개	프리+콘트라
뼈 육수(레시피 p.48 참조) 1½컵	
찬밥 1큰술, 우유(a2 우유 또는 산양유) 1/2컵	프리
파슬리가루(마른 것) 1/2작은술	프리+콘트라
소금 및 후추 1/2작은술씩, 올리브유(엑스트라 버진) 1큰술	

준비

버섯과 양파는 잘게 썬다.

만들기

1. 잘게 썬 양파에 뼈 육수 1/2컵을 넣고 약불에서 5분간 끓이다 버섯, 찬밥, 나머지 육수를 마저 붓고 약한 불에서 가끔씩 저으며 10분간 더 뭉근히 익힌다.
2. 소금, 후춧가루, 우유를 넣고 살짝 끓여 블렌더에 곱게 간다.
3. 파슬리가루를 뿌리고, 먹기 직전에 올리브유를 살짝 뿌린다.

TIP
- 우유 대신 코코넛 밀크도 사용 가능하다.
- 뼈 육수 대신 채소수를 사용해도 좋다.

사과당근 케피어주스

재료

사과와 당근 100g	프리+콘트라
케피어 발효수(레시피 p.153 참조) 1컵	프로+포스트

준비

케일은 미리 스팀으로 3~5분 찐 다음 식혀 준비한다.

만들기

케피어 발효수 1컵에 사과와 당근 100g 정도를 블렌더에 넣고 분쇄한 뒤 바로 에이드로 마시거나 체에 거른 뒤 주스로 마셔도 된다. 주서기를 이용할 경우, 과일과 채소를 즙으로 만든 다음 발효수를 첨가해 주스로 만든다.

TIP

먹을 때마다 바로바로 제조한다.

깍두기볶음밥 세트

깍두기볶음밥 + 고기꼬치+ 갑각류육수채소탕 +
생강피클 + 코코넛밀크

깍두기볶음밥

재료

깍두기 1컵	프리+프로+포스트+콘트라
양파 1/2개, 쪽파 5대	프리+콘트라
멸치 육수 재료 멸치 10마리, 다시마(5cm) 2장, 파 1/2대, 무 60g	프리+콘트라
밥 1공기	프리
들기름 3큰술, 참깨 1큰술	

준비

- 깍두기는 잘 익은 것으로 준비해 다진다. 깍두기 국물도 적당량 준비한다.
- 물 3컵에 분량의 멸치, 다시마, 파, 무를 넣고 중간 불에서 끓인 다음 약한 불에서 10분간 더 끓여 멸치 육수를 만든다.
- 양파와 쪽파는 다진다.

만들기

1. 다진 깍두기, 깍두기 국물, 다진 양파를 섞고 멸치 육수를 조금씩 넣어가면서 중간 불에서 졸인다.
2. 국물이 반으로 줄면 밥을 넣고, 국물이 거의 없어질 때까지 저어가면서 볶는다.
3. 불을 끈 다음 들기름을 넣고 버무린다.
4. 쪽파와 깨를 뿌려 장식한다.

TIP

- 멸치 육수 대신 채소수로 대체 가능하다.
- 깍두기를 곁들여도 좋다.

고기꼬치

재료

닭고기 안심 50g, 소고기 안심 50g	
대파 1/2대, 호박 1/4개, 당근 1/4개, 마늘 4~5쪽, 파스닙 30g	프리+콘트라
나무 꼬치 4개	
양념 재료 생선 액젓 3큰술, 벌꿀 1큰술, 라임즙 1큰술, 다진 풋고추 1큰술, 다진 양파 1큰술, 참기름 1큰술	프리+포스트+콘트라

준비

- 파는 줄기 부분만 2cm 길이로 자른다.
- 고기, 호박(씨 부분 제거), 당근, 파스닙은 2cm 크기로 깍둑 썬 뒤 스팀으로 익힌다.
- 나무 꼬치는 물에 20~30분 정도 담갔다 사용한다.
- 꼬치에 고기와 채소를 골고루 끼운다.
- 다진 풋고추와 양파, 생선 액젓, 벌꿀, 라임즙, 참기름을 잘 섞어 양념을 만든다.

만들기

1. 재료를 끼운 꼬치를 양념에 담가 양념이 배도록 10분 정도 둔다. 사용한 양념은 버리지 않는다.
2. 양념이 밴 꼬치를 팬에 올려 겉면만 살짝 굽는다.
3. 남겨놓은 양념을 꼬치 겉면에 한 번 더 발라준다.

갑각류육수 채소탕

재료

파스닙, 브로콜리, 당근 20~30g씩, 셀러리 1대, 대파 1대	프리+콘트라
갑각류 육수(레시피 p.51 참조) 3컵	
소금 1작은술	

준비

채소를 2cm 큐브 크기로 자른다.

만들기

1. 냄비에 파를 제외한 채소와 갑각류 육수를 넣고 중불에서 5~10분 끓인다.
2. 마지막에 소금과 파를 넣고 한 번 더 끓인 다음 불을 끈다.

코코넛밀크 요거트

재료

코코넛 밀크(레시피 p.156 참조) 2컵	프리
사탕수수 원당 2큰술	프리
생균이 살아 있는 플레인 타입의 산양유 요거트 1/2컵	프로+포스트

만들기

1. 코코넛 밀크를 약한 불에서 끓지 않을 정도(90℃)까지 가열한 다음 40℃ 정도로 식힌다.
2. 여기에 사탕수수 원당을 넣고 산양유 요거트를 넣어 섞고 믹스를 만든다.
3. 용기 두껑을 닫아 38~40℃의 온도를 유지하며 4~5시간 동안 발효시키고, 그 이후에는 냉장 보관한다.

TIP
- 톡 쏘는 맛과 진한 농도를 선호하면 원하는 만큼 발효 시간을 늘려도 된다. 단, 8시간을 넘지 않는 게 좋다.
- 요거트 발효 기구가 있다면 사용해도 무방하다.

생강피클

레시피 p.208 참조

구운 감자 세트

구운 감자 + 그릭요거트볼 +
비네그레트절임토마토카프레제 + 청포도케일케피어주스

구운 감자

재료

감자 2개	프리+콘트라

만들기
감자는 통째로 에어프라이어 또는 굽기 전용 팬에 굽는다.

그릭요거트볼 (+아스파라거스)

재료

그릭 요거트(레시피 p.144 참조) 1/2컵	프로+포스트
셀러리 1/2줄기, 아스파라거스 5개	프리+콘트라
소금 1큰술, 올리브유(엑스트라 버진) 1큰술	

준비
- 셀러리는 가로로 얇게 썰어 소금에 10분간 절인 뒤 재빨리 물에 헹궈 면포로 물기를 짠다.
- 아스파라거스는 스팀으로 익혀 소금으로 살짝 밑간한다.

만들기
1. 그릭 요거트와 준비해둔 절인 셀러리를 잘 섞어 동그랗게 만든다.
2. 익힌 아스파라거스를 밑에 깔고 그릭 요거트 볼을 올린다. 먹기 직전 올리브유를 뿌린다.

비네그레트절임 토마토카프레제

재료

절인 토마토(토마토 1개 + 애플 사이다 비니거 비네그레트(레시피 p.57 참조) 1/2컵)	프리+프로+포스트+콘트라
무화과 1개	프리
모차렐라 치즈(버펄로 치즈) 100g	포스트
바질 잎 3~4장	프리+콘트라
후춧가루 1작은술	콘트라
올리브유 2큰술	

준비

- 토마토는 데쳐 껍질을 벗긴 뒤 가로로 슬라이스해 비네그레트로 버무려 30분 동안 절인다.
- 무화과와 모차렐라 치즈는 토마토 크기로 슬라이스한다.

만들기

1. 절인 토마토와 슬라이스한 모차렐라 치즈, 무화과를 접시에 담고 바질 잎, 후춧가루로 장식한다.
2. 먹기 직전에 올리브유를 뿌린다.

청포도케일 케피어주스

재료

청포도와 케일 100g	프리+콘트라
케피어 발효수(레시피 p.153 참조) 1컵	프로+포스트

준비

케일은 미리 스팀으로 3~5분 찐 다음 식혀 준비한다.

만들기

케피어 발효수 1컵에 청포도, 케일 100g 정도를 블렌더에 넣고 분쇄한 뒤 바로 에이드로 마시거나 체에 거른 뒤 주스로 마셔도 된다. 주서기를 이용할 경우, 과일과 채소를 즙으로 만든 다음 발효수를 첨가해 주스로 만든다.

TIP
먹을 때마다 바로바로 제조한다.

렌틸콩채소밥 세트

렌틸콩채소밥 + 파스닙카나페 + 자색고구마수프 + 콤부차망고에이드

렌틸콩채소밥

재료

렌틸콩·완두콩·검은콩 2큰술씩	프리
적양파 1/3개, 호박 1/4개, 표고버섯 1개, 당근 1/4개	프리+콘트라
닭 안심 100g, 소금 및 후추 1/2작은술씩	
채소수 (레시피 p.49 참조) 2/3컵	
양념 재료 소금 및 후추 1작은술씩, 영양 효모 1작은술, 타임 허브 1작은술	프리+포스트+콘트라
콜리플라워 라이스(레시피 p.179 참조) 3큰술, 래디시 1~2개	프리+콘트라

준비
- 렌틸콩, 완두콩, 검은콩은 압력 가열로 익힌다.
- 적양파, 호박, 표고버섯, 당근은 잘게 다진다.
- 닭고기는 소금, 후춧가루(1/2작은술씩)에 재운 후 스팀으로 10분간 익혀 다진다.
- 래디시는 얇게 슬라이스한다.

만들기
1. 팬에 다진 채소와 채소수(1/2컵)를 함께 넣고 볶듯이 익힌다.
2. 익힌 채소들과 익혀 다진 닭고기에 양념 재료를 넣어 잘 섞은 다음, 남은 채소수를 마저 넣어 볶는다.
3. ②를 익힌 콩류와 혼합해 오븐 용기에 담고 콜리플라워 라이스와 래디시 슬라이스를 위에 얹은 다음, 175℃로 예열한 오븐에서 15분간 구워 완성한다.

자색고구마수프

재료

자색 고구마 1개, 적양파 1/2개	프리+콘트라
뼈 육수(레시피 p.48 참조) 1½~2컵	
우유 1/2컵(a2 우유 또는 산양유, 우유 대신 코코넛 밀크 사용 가능)	프리
파슬리 1~2잎	프리+콘트라
소금 1/2작은술, 올리브유(엑스트라 버진) 1큰술	

준비

- 고구마와 양파는 잘게 썬다.
- 파슬리는 다진다.

만들기

1. 잘게 썬 양파에 뼈 육수 1/2컵을 넣고 약불에서 5분간 끓이다 자색 고구마와 나머지 육수를 마저 붓고, 약불에서 가끔씩 저으며 10분간 더 뭉근히 익힌다.
2. 소금, 우유를 넣고 살짝 끓여 블렌더에 곱게 간다.
3. 다진 파슬리 잎을 뿌리고, 먹기 직전에 올리브유를 살짝 뿌린다.

파스닙카나페

재료

파스닙 1/5개	프리
절인 올리브 2~3알	프리+포스트
프리세 1/3컵	프리+콘트라
애플 사이다 비니거 비네그레트(레시피 p.57 참조) 2작은술	프리+프로+포스트+콘트라

준비
- 파스닙은 가로로 두툼하게 슬라이스해 스팀으로 익힌다.
- 절인 올리브는 겉부분을 도려내 조각낸다.

만들기
1. 파스닙을 위에서 4등분으로 자르고, 그 위에 올리브 조각을 얹는다.
2. 비네그레트 소스를 뿌리고 프리세를 올려 장식한다.

콤부차 망고에이드

재료

망고즙 10큰술	프리+콘트라
생벌꿀 1큰술	프리+콘트라
1차 발효 콤부차액 1L	프로+포스트

준비
- 망고를 블렌더로 갈아 체에 걸러 큰 건더기를 제거하고 즙을 만든다.(주서기를 사용해도 된다.)
- 즙과 꿀을 섞는다.

만들기
1. 250ml들이 작은 병에 꿀과일즙을 2큰술씩 나눠 담고, 여기에 1차 발효 콤부차를 각각의 병에 80%쯤 채운다.
2. 탄산이 빠져나가지 않도록 뚜껑을 꼭 닫아 24~48시간 상온에서 발효시킨 다음 냉장 보관한다. 뚜껑을 열 때 탄산이 나올 수 있으므로 주의한다.

TIP
탄산이 더 많이 생성되게 하고 싶다면, 과즙 양을 늘리거나 원당을 조금 첨가하면 된다.

닭가슴살온반 세트

닭가슴살온반 + 무샐러드 + 배추김치 + 코코넛요거트

닭가슴살온반

재료

닭 가슴살 200g	
찹쌀 1/2컵, 녹두(거피) 1/3컵	프리
물 3/4컵, 소금 1작은술	
닭 육수(레시피 p.50 참조) 2컵	
쪽파 2대	프리+콘트라

준비
- 압력밥솥에 분량의 찹쌀, 녹두, 물을 넣고 녹두찰밥을 짓는다.
- 닭 가슴살은 익혀 먹기 좋게 결대로 찢고, 쪽파는 송송 썬다.
- 닭 육수에 소금을 넣고 한 번 끓인다.

만들기
1. 오목한 그릇에 녹두찰밥을 반 정도 담고 그 위에 준비한 닭 가슴살을 얹는다.
2. 가열한 육수를 그릇에 조심스럽게 붓고, 송송 썬 쪽파를 뿌린다.

무샐러드

재료

무 1/6 개, 브로콜리 작은 송이 2~3개	프리+콘트라
마늘 3~4쪽, 작은 피망 1/2개	프리+콘트라
들기름 1큰술	
소금, 후춧가루 약간씩	

준비
- 무, 부로콜리, 마늘을 스팀으로 익힌다.
- 무는 부채꼴 모양으로 먹기 좋게 자르고, 브로콜리는 길게 2등분하고, 마늘은 통째 쓴다.
- 작은 피망은 가로로 슬라이스한다.

만들기
1. 익힌 채소에 소금, 들기름을 넣고 먼저 버무린다.
2. 들기름에 버무린 채소들을 접시에 담고, 후춧가루를 뿌리고 피망을 곁들인다.

코코넛밀크요거트

재료

코코넛 밀크(레시피 p.156 참조) 2컵	프리
사탕수수 원당 2큰술	프리
생균이 살아 있는 플레인 타입의 산양유 요거트 1/2컵	프로+포스트

만들기
1. 코코넛 밀크를 약한 불에서 끓지 않을 정도(90℃)까지 가열한 다음 40℃ 정도로 식힌다.
2. 여기에 사탕수수 원당을 넣고 산양유 요거트를 넣어 섞고 믹스를 만든다.
3. 용기 두껑을 닫아 38~40℃의 온도를 유지하며 4~5시간 동안 발효시키고, 그 이후에는 냉장 보관한다.

TIP
- 톡 쏘는 맛과 진한 농도를 선호하면 원하는 만큼 발효 시간을 늘려도 된다. 단, 8시간을 넘지 않는 게 좋다.
- 요거트 발효 기구가 있다면 사용해도 무방하다.

배추김치

재료

포기배추(중간 크기) 2포기, 무(중간 크기) 1/4개	프리
배추 절임용 재료 소금 6컵, 물 18컵	
히카마(채썰기용은 무의 1/2 분량, 즙용은 무와 같은 분량)	프리
양념 재료 파 2대, 고춧가루 1컵, 마늘 10쪽, 생강 15g, 새우젓 1/3컵, 멸치액젓 1/2컵, 식은 밥 4큰술	프리+콘트라+포스트

준비

- 물 18컵에 소금 4컵을 넣어 절임용 소금물을 만든다.
- 배추는 1/2쪽으로 쪼갠다.
- 무와 히카마(채썰기용 분량)는 채 썰고, 파는 어슷 썬다.
- 히카마 즙용 분량은 강판에 갈거나 주서기에서 즙을 낸다.
- 멸치액젓, 마늘, 생강, 식은 밥, 히카마즙을 블렌더에 넣고 간다.

만들기

1 소금 2컵을 배춧잎 사이사이에 뿌려둔다. 그런 다음 절임용 소금물에 담가 1~2시간 정도 절인다.

2 배추가 잘 절여지면 절인 물을 조금 덜어놓은 상태에서 배추를 물에 빨리 헹군 다음 체에 받쳐 물기를 뺀다. 배추 겉잎을 2장 정도 따로 빼놓는다.

3 썰어놓은 무, 히카마, 파, 분쇄한 양념 재료, 고춧가루를 모두 섞어 김치 속 재료를 만든다.

4 절인 배춧잎 사이사이에 만들어놓은 속 재료를 적당량씩 넣고, 가장 바깥쪽에 붙어 있는 큰 배춧잎으로 배추 속이 빠지지 않도록 싼다.

5 김치통에 80% 정도 차도록 꾹꾹 눌러 담고, 따로 빼놓은 배추 겉잎으로 위를 덮어 뚜껑을 닫고 상온(20~25°C)에 2일쯤 둔다. 여름에는 반나절만 두어도 된다. 이후에는 냉장 보관한다.

TIP

- 양념 분쇄 시 배추 절인 물을 조금 넣어주면 분쇄가 용이하다.
- 식은밥 대신 찹쌀풀(레시피 p.124 참조)을 사용해도 된다.
- 매운맛을 줄이려면 고춧가루 양을 줄여 조리한다.

References

1. Rodney Dietert, The Superorganism, Dutton, 2016.
2. Greger M., How not to die, Flatiron books, 2015.
3. Douillard F. P. et al., Functional genomics of lactic acid bacteria : from food to health, Microb. Cell Fact. 2014, 13(S1):S8.
4. David L. A. et al., Diet rapidly and reproducibly alters the human gut microbiome, Nature 2014, 505:559-563.
5. Conlon M. A. et al., The impact of diet and lifestyle on gut microbiota and human health, Ntrients 2015, 7:17-44.
6. Salazar N. et al. The human intestinal microbiome at extreme ages of life. Dietary intervention as a way to counteract alterations, frontiers in Genetics 2014, 5:1-9.
7. Jullian R. M.(ed), The human microbiota and Microbiome, CAB international(UK), 2014.
8. Chutkan R., The microbiome solution, Avery, 2015.
9. Sonnenburg J. & S. E., The Good gut, Penguin Books,2014.
10. Kellman R., The microbiome diet, Da Capo Lifelong Books, 2014.
11. Cani P. D. et al., Talking microbes : When gut bacteria interact with diet and host organs, Mol. Nutri. Food Res. 2016, 60:58-66.
12. Bai Y. H. et al., Assessment of a bioactive compound for its potential antiinflammatory property by tight junction permeability, Phytother. Res. 2005, 19:1009-1012.
13. Chiang H. et al., Altered gut microbiome and intestinal pathology in Parkinson's disease, J of Movement Disorders 2019, 12(2):67-83.
14. Markowiak-Kopec P. et al., The effect of probiotics on the short chain fatty acids by human intestinal microbiome, Nutrients 2020, 12(4):1107.
15. Tan J. et al., The role of short chain fatty acids in health and disease, Adv. in Immunol. 2014, 121:91-119.
16. Detman A. et al., Cell factories converting lactate and acetate to butyrate : Clostridium butyricum and microbial communities from dark fermentation, Microb. cell Fact. 2019, 18:36-47.
17. Corr S.C. et al., Bacteriocin production as a mechanism for the antiinfective activity of Lactobacillus salivarius UCC118, Proc Natl Acad Sci USA 2007, 104: 7617-7621.
18. Cani P. D. et al., Next generation beneficial microbes: The case of Akkermansia muciniphila, Front. Microbiol. 2017, 8:1-8.
19. 최세환, 자가면역질환의 기초와 이해, Korea Society of Dietary Therapy for Cancer & Chronic disease, 2015.
20. Mayer E., The mind-gut connection, HarperCollins, 2016
21. Wang Y. et al., The role of microbiome in central nervous system disorders, Brain Behav. Immuno. 2014, 38:1-12.
22. 이아영 외, 뇌-장 -미생물축, Kor. J of Gastroenterol. 2023, 8(4):145-153.
23. Salonen A. et al., Impact of diet and individual variation on intestinal microbiota composition and fermentation products in obese men, ISME J. 2014, 8:2218-2230.
24. Dolan K.T. et al., Diet, gut microbes, and the pathogenesis of inflammatory bowel disease, Mol. Nutri. Food Res. 2017, 61(1):10.
25. 윤미영 외, 장내 미생물과 항생제 관련 장질환, 분자세포생물학뉴스레터 특별기고, 2016.
26. Okba A. M. et al., Fecal microbiota profile in atopic asthmatic adult patients, Eur Ann Allergy Immunol. 2018, 50(3):117-124.
27. Guthmann F. et al., Probiotics for prevention of necrotising enterocolitis: an updated meta-analysis, Klin Padistr. 2010, 222:284-290.
28. Kim J,H., Microbiome and diabetes, J Kor. Diabetes 2022, 23:7-11.
29. Mayers A, The autoimmune solution, HarperOne, 2015.
30. Belorkar S. A. et al., Oligosaccharides: a born from nature's desk, AMB Expr. 2016, 6: 82-91.
31. Kim K. S. et al., Comparison of gut microbial diversity of breast-fed and formula-fed infants, Kor. J of Microbiol. 2019, 55(3):268-273.
32. Hill C et al., Expert consensus document : the international scientific association for probiotics and prebiotics consensus statement on the scope and appropriate use of the term probiotic, Nat. Rev. Gastroenterol Hepatol. 2014, 11:506-514.
33. Gibson G. R. et al., Expert consensus document : the international scientific association for probiotics and prebiotics consensus statement on the definition and the scope of prebiotics, Nat. Rev. Gastroenterol Hepatol. 2017, 14:491-502.
34. Salominen S. et al., The international scientific association of probiotics and prebiotics(ISSAPP) consensus statement on the definition and scope of postbiotics, Nat. Rev. Gastroenterology and Hepatology, 1-19.
35. Ruiz-Ojeda F. J. et al., Effects of sweeteners on the gut microbiota: A review of experimental studies and clinical trials, Adv Nutr. 2019, 19:S31-S48.
36. Spurbeck R.R. et al., Lactobacillus jensenii surface associated proteins inhibit Neisseria gonorrhoeae adherence to epithelial cells, Infect Immun. 2010, 78:3103-3111.
37. Kumar A. et al., Major phytochemicals: Recent advances in health benefits and extraction method, Molecules 2023, 28(2):887.
38. Kinder A. et al., Impact of increasing fruit and vegetables and flavonoid intake on the human gut and microbiota, Royal society of chemistry(Food Funct.) 2016, 7(4):1788-96.
39. Shanahan C., Deep Nutrition, Flatiron Books, 2016.
40. 이경희 외, 김치에서 분리한 Lactobacillus plantarum과 Leuconostoc mesenteroids의 프로바이오틱 효과, J Kor Soc Food Sci Nutr 2016, 45(1):12-19.
41. Ciao G. et al. Effect of gluten-free diet on gut microbiota composition in patients with celiac disease and non-celiac gluten/wheat sensitivity, Nutrients 2020, 12(6):1832.
42. Drago S. et al., Gliadin, zonulin and gut permeability : Effects on celiac and non-celiac inteatinal mucosa and intestinal cell lines, Scand J Gastroenterol 2006, 41(4):408-419.
43. Rutishauer u. et al., Cell-to cell binding induced by different lectins, J of cell biol. 1975, 65(2):247-257.
44. Cueva C. et al., An integrated view of the effects of wine polyphenols and their metabolites on gut and host health, Molecules 2017, 22(1):99.
45. Memmola R. et al., Correlation between olive oil intake and gut microbiota in colorectal cancer prevention, Nutrients 2022, 14(18):3749.

건강한 장내 미생물 생태계를 유지하고
여러 질병의 위험성을 낮추는 건강식

식탁 위의
마이크로바이옴

초판 1쇄 발행 2024년 4월 15일
초판 2쇄 발행 2024년 6월 21일

지은이 이진희

펴낸곳 책책
펴낸이 선유정
편집인 김윤선

사진 권순철
푸드 스타일링 이윤혜
디자인 아트퍼블리케이션 디자인 고흐
교정교열 박소영

출판등록 2018년 6월 20일 제2018-000060호
주소 (04325)서울시 용산구 이촌로88길 3
전화 010-2052-5619

인스타그램 @chaegchaeg
전자주소 chaegchaeg@naver.com

© 이진희, 2024

ISBN 979-11-91075-15-1

* 이 책은 저작권법에 따라 보호받는 저작물이므로 무단 전재와 무단 복제를 금지합니다.
  책 내용의 전부 또는 일부를 이용하려면 저작권자와 책책의 서면동의를 받아야 합니다.
* 책값은 뒤표지에 있습니다.
* 잘못된 책은 구입하신 곳에서 교환해 드립니다.